スウェーデンにおける取り組み

就学前のEDUCARE・モデルと
歴史と制度とヘルスケア

子どもの人権・民主主義・専門職の役割を中心に

監修・著

小野次朗

著　者

イングリッド・エングダール　小野尚香　訓覇法子　水野恵子
（監訳 白石淑江）

ジアース教育新社

スウェーデンにおける取り組み
就学前の EDUCARE・モデルと歴史と制度とヘルスケア
～子どもの人権・民主主義・専門職の役割を中心に～

|監修・著| 小野次朗

目　次

ルポ：スウェーデンの幼児教育実践とヘルスケア

は じ め に

　本書で扱う、幼児期を対象としたスウェーデンのEDUCARE・モデルとヘルスケアの基底には共通する要素がある。それらは、スウェーデンの幼児対象に取り組まれている重要な実践の基底であり、子ども一人ひとりに健やかな発達と成長を促していくことを目的とし、子どもの人権を意識し、子どもを取り巻く環境や関わる人との関係性にも目を向けていることである。

　その実践現場は、前者は保育・教育の場である就学前学校であり、後者は、予防（一次予防、二次予防、三次予防）・治療・訓練の場である保健施設（小児保健センターなど）や医療施設（病院、ハビリテーションセンター、児童青少年精神科診療所など）である。現場では、関係性をはぐくむことも重視され、就学前学校においては教職員と子どもの関係だけではなく、子ども同士の引き合う力、向き合う力、そして、協働したり尊重したり、思い合う力を大切にしている。保健の場においては、専門職と親そして親と子の関係づくりからスタートする。

　就学前学校においては、子どもが健やかに成長することを目的とするヘルスケアの理念や発達の視点が意識され取り入れられている。小児神経を専門とする筆者は、精神医学に対する関心からスウェーデンを訪れる機会があり、その際に、1歳から始まる就学前学校を視察した。そのときに、就学前学校におけるヘルスケアに対する認識の高さを知った。また、保健・医療現場においても、心身の健康を保持していくことを目的とした認識を高め行動を促すための教育的要素がある。いずれの施設も子ども支援だけではなく親支援も重視している。

　子どもの特性、特に運動、認知、情動上の発達や関係性における困難さなどの発達課題については、EDUCARE・モデルにおいてはケアと教育的配慮などを通して、ヘルスケアの場においてはフォローアップなどを通して、全人的な支援が用意される。さらに、より専門的な支援が求められる場合には、必要に応じて、地域の医療機関や福祉サービスと連携するネットワークがある。

　つまり、EDUCARE・モデルは集団の場で、ヘルスケアは家庭を単位として、子どもの育ちを総合的に捉えている。そしてその基底には人権思想が根付く。

　このたび、研究者によるスウェーデンにおける就学前のEDUCARE・モデル、

歴史、制度そしてヘルスケアについて紹介する本を作成する機会を得た。まず、幼児教育を専門とされるイングリッド・エングダール氏と、社会学者であり社会政策を専門とする訓覇法子氏に論文執筆をお願いした。それを第1部とした。エングダール氏の英文原稿の翻訳の仕上げにおいては、日本におけるスウェーデン幼児教育の第一人者の一人である白石淑江氏から多大なご尽力をいただいた。第2部では、ルポルタージュとして、日本からみたスウェーデンにおける幼児に対する各種実践の紹介として、スウェーデン幼児教育を専門とする水野恵子氏と小児のヘルスケアを専門とする小野尚香氏に執筆を依頼した。

　本書の第1部では、エングダール氏と訓覇氏それぞれの研究を中心に、スウェーデンにおける就学前の保育と教育に焦点を当てて書いていただいた。日本では、児童福祉施設としての保育所（園）ならびに教育施設としての幼稚園があり、それぞれ厚生労働省ならびに文部科学省が管轄省庁として機能している。2006年、内閣府が管轄する、保育所（園）と幼稚園の特徴を併せ持つ認定こども園が創設された。就学前保育および教育が一体化されるかに見えたが、この認定こども園も「幼保連携型」「幼稚園型」「保育所型」「地域裁量型」と別れており、従来からの幼稚園、保育所（園）も含めると、日本独自の多様なかたちが見える。

　スウェーデンでは、1975年に就学前学校法（Förskolelagen）を成立させ、教育とケアを組み合わせた制度を確立した。それまでは、日本の保育所と幼稚園のように、異なるルーツをもつ2種類の保育施設が存在した。しかし、どのような形態であれ、EDUCARE・モデルとして、すべての子どもたちに良い幼児期の発達を保障する「förskola」と位置付けることとなった。就学前学校がかたちとしてできあがった1975年当時は、社会省が管轄省庁であったが、1996年から1998年の移行期間を経て、管轄省庁が教育省に変わり、学校法のもとに、1998年には就学前学校 のナショナルカリキュラム（Lpfö98）が導入されるという、画期的な変革が起こった。これにより、生涯教育が名実ともに、1歳から入学が可能な就学前学校において始まることになった。

　その中での特徴の一つが、EDUCARE・モデルという、教育とケアさらには

発達も加味した理念であり実践ではないかと考えられる。そして、就学前学校のナショナルカリキュラムに示された基本的価値は、子どもたちに「知識と価値の獲得と発展、発達と学習の推進」を保証し、「基本的人権の尊重、民主主義の価値」を培うことである。

　本書は、就学前教育における、発達障害などのある子どもたちを含む特別支援教育についても対象としている。現在の教育現場では、すべての子どもたちを包摂するインクルーシブ教育を指向している。訓覇法子氏が「特別な支援を必要とする人たちには特別なニーズがあるのではなく、普通のニーズを充足させるために特別な支援が必要なだけである」と記しているように、スウェーデンにおいては特別な支援を提供することで、公平さを担保しているようである。

　第1部がスウェーデンの就学前教育の歴史ならびにその基本となるEDUCARE・モデルをめぐる論文である一方、第2部は、就学前児童に対する教育・保育・保健・医療などの実践に関するルポルタージュである。第3章では、水野恵子氏に就学前学校で提供されている、いわゆるスウェーデンにおけるEDUCARE・モデルについての実践を、現地の報告からまとめていただいた。そこでは、1998年に導入された就学前学校のナショナルカリキュラム（Lpfö98）にも反映されている、レッジョ・エミリア・アプローチにインスパイアされた教育方法の実際が記載されている。

　第4章では、幼児が必要とする保健医療に関する話題を取り上げた。その中でも、日本の特別支援教育でも注目を集めている神経発達症（発達障害）について、スウェーデンにおける早期気づき早期介入の重要性について述べた。特に、診断が先行するのではなく、必要とされる支援をどのように提供していくのかに重点を置いた方法論に注目した。

　第5章では、現在のスウェーデンで行われている、乳幼児へのヘルスケアの紹介を、スウェーデンで参与観察を行い、研究を進めている小野尚香氏にお願いした。スウェーデンにおける基本的人権や子どもの権利を基底とした、乳幼児に対するヘルスケアのあり方について、保健・医療および教育・保育の連携を示しながら、多職種連携による多角的なサービスの重要性を記している。そ

して子ども、親さらには家族をも対象とする包括的なヘルスケア・システムについて報告されている。

　現在、教育現場においては、個別に提供される特別支援教育とインクルーシブ教育は両車輪であり、スウェーデンでは「障害のある子どもに対する支援」は、特別ではないあたりまえの支援である。さらに、スウェーデンでは障害も多様性のひとつとして捉えられ、障害が重度であっても、基本的に同じ学校に在籍する。このことは、定型発達の子どもたちにとっても、暮らしの中で障害のある子どもや母国語の違う子どもがいることが、あたりまえになっているのである。第5章では、特に発達障害のある子どもたちに対する、いくつかの地域での独自の取組も紹介されている。

　なお、今回お願いした執筆者の皆様は、専門領域がそれぞれ異なることもあり、それぞれ担当していただいた章の内容については、担当してくださった執筆者の責任に負うという形にしたことを、読者の皆様にはご了解していただきたい。また、本書の初めの出版予定は 2017 年であり、それをふまえて脱稿して下さった執筆者の方々には、校正の度、何度も修正・加筆いただいたことも追記したい。

　このように本書では、スウェーデンにおける乳幼児の保育および教育を包括した、EDUCARE・モデルという考え方を中心に、その歴史的展開および制度、そして教育の根底にあり、特別支援教育とも関連するヘルスケアにも言及した。変遷しつつある日本の幼児教育や広義での小児保健のこれからに、少しでも役立つ内容であることを願っている。

　最後になりましたが、監修者の無理を聞いてくださるとともに、我慢強く待ちながら、応援してくださいました、ジアース教育新社社長加藤勝博様ならびに編集担当の西村聡子様には、心から御礼を述べさせていただきます。ありがとうございました。

2023 年 6 月

小野　次朗

第 **1** 部

スウェーデン幼児教育の
概念・歴史・制度

第1章 EDUCARE・モデル

－スウェーデンの幼児教育における基本的概念

イングリッド エングダール
Ingrid Engdahl
（監訳）白石 淑江
（訳）坂本 輝世

　この論文の目的は、スウェーデンの幼児教育における「エデュケア（EDUCARE）」の概念について、さらに、それがどのようにして就学前教育の北欧モデルへと発展してきたかについて、論じることである。まず、歴史の流れを簡単に振り返った後、この全般的な福祉モデルの背後にある政治的な理由づけと「家族福祉」政策の発展、そしてエデュケア・アプローチ（educare approach）の中の現在の問題点に対する対照的な見方について論じていく。最後に視野を広げて、国連の「持続可能な開発目標 2015-2030」の実現に向けて、幼児期の教育がどのように貢献できるかを論じていきたい。

1 幼児期の教育

　日本とスウェーデンを含む世界の多くの国々で、乳幼児のための施設が誕生したのは1850年頃だった。このような施設は、それぞれの地域の伝統に根ざし、国内または国際的に活躍した先駆者からのインスピレーションを受けて、発想されたものである。ドイツのフリードリッヒ・フレーベルは最も重要な先駆者であり、世界中の幼稚園のムーブメントに影響を及ぼした。他の先駆者としては、スコットランドのロバート・オーウェン、オーストリアのルドルフ・シュタイナー、イタリアのマリア・モンテッソーリが挙げられる（Engdahl, 2011）。

　ほとんどの国では、2つの異なる種類の就学前施設が並行するシステムが作られた。スウェーデンの例で言えば、1つは、母親が働いている間、3か月から6歳の子どもを保育するために作られた全日制の保育施設 Daghem（昼間の家の意，英訳 daycare center）、もう1つは、3歳から6歳の子どもた

ちのために、半日のみ提供される幼児教育 Lekskola（遊びの学校の意，英訳 Kindergarten）である。Daghem は、子どもたちをケアし養育するという任務とともに、子どもたちの遊びと学びを組み合わせたものだった。通常、就学前教育の教師が施設長となり、准保育士（注1）、見習い、ボランティアのスタッフと共に働いていた。食事が提供され、毎日の日課には昼食後の休息／睡眠が含まれていた。Lekskola は、3時間単位で、時には1日に2つのグループを受け入れていた。教師は教育プログラムを担当したが、このプログラムは子どもの遊びの必要性に焦点を当てたものだった（Engdahl, 2011）。

　スウェーデンでは、この二重のシステムは1975年に廃止された（Engdahl, 2011, Chapter 5;Martin-Korpi, 2007）。それ以来、1つのシステム、1種類のみの施設 förskola（英訳 preschool, 就学前学校）となった。この就学前学校は全日制で、1歳から5歳までのすべての子どもたちの幼児教育を目的とし、費用は低額である。その教育学上のアプローチは「エデュケア」と呼ばれ、教育とケア（注2）を組み合わせた概念である（Engdahl, 2011）。以下、本論で就学前の教育施設について述べる際には、このスウェーデンの förskola の概念を用いるものとする。

　なお、就学前学校は2年間の移行期を経て、1998年に学校体系に位置づけられたが、このとき、6歳児のための教育は「就学前クラス（förskoleklass）」と呼ばれる新しい学校形態に移行した。これは、就学前学校と小学校の間の橋渡しと捉えることができる。1998年から地方自治体は就学前クラスを提供することを義務づけられており、子どもたちが就学前クラスに参加することは、2018年8月から義務となった（Bill 2017/18:9）。この展開について後で説明する。

（1）家族政策、平等な権利、ジェンダーの平等

　スウェーデンにおける幼児教育の発展は、子どもたちの親、専門家、政治家の共同の努力の成果である。最初の重要な行動を起こしたのは、『危機にある人口と都市の子どもたち（*A population in crisis and Urban children*）』という書物を出版した Alva and Gunnar Myrdal であった（Myrdal, 1935）。彼らは、スウェーデンの親が持つ子どもの数がこれほど少ないのはなぜか、という問題に取り組み、社会全体を巻き込んだ議論の結果として、「家族政策」という新たな政治分野が生まれた（Engdahl, 2011; Martin-Korpi, 2007）。それは例えば、近代的なアパート、給湯設備、室内トイレなどを備えた、若い親をサポートす

るための新しい「住宅政策」として実を結んだ。1940年代にはすべての子どもに共通の児童手当が導入され、また、両親を支援し、身体的・精神的な不健康状態や環境内のリスクを予防し、子どもの健康、発達、福祉を促進することを目的とする「小児保健センター（BVC）」が作られた。これらの「小児保健センター」は無料で利用でき、親は定期的にセンターでの催しに招かれた。さらに、保育者の給与をカバーするために、国の補助金が導入された。こうして、スウェーデンが福祉国家として成立する上で、家族政策はその基盤となった。1970年代初頭から、税制と病気や退職のための公的保険制度は、男女を平等とみなすようになった。すべての人は個別に課税され、税金は教育や医療サービスなどへの資金を提供している。福祉システム全般を支える考え方は「お金を得たら納税し、お金が必要になれば給付を受ける」というものだった。

「家族政策」は平等な権利とジェンダーの平等をも推進してきた。家族政策とは、親たちが職業生活を送りつつ家族生活を機能させることを容易にするものでなければならない。そのために重要なステップの一つは、子どもが幼い時に、父親・母親の両方が育児をする機会を持てるように改善することだった。その目標は、女性と男性が平等な条件で働くことができ、家庭で家事を分担できること、と設定された。ジェンダーの平等のための最も重要かつ積極的な措置は、1974年にオロフ・パルメ大臣によって制定された、育児休暇に関する法律（両親休暇法）の導入だった。この制度は国の公的保険（両親保険）として組織され、公的給付として導入されたもので、給付金は母親と父親に均等に提供され、両親の間でそれぞれの家族に適した割合で分け合うことができるものだった。この制度が思い描いていたのは、生まれた赤ん坊の世話をするために、母親と父親が同等に家事を分かち合い家庭で過ごす、というものだった。しかし、そうはならなかった。伝統的なジェンダーの役割と労働市場のパターンを変えるためには、より強力な政治的措置が必要だった。

スウェーデンにおける制度の展開を見ると、人々の態度と行動を変える上で立法が強力な手段であることが分かる。1995年、議会は、育児休暇をもっと利用するよう父親を説得するために、「ママ月」と「パパ月」を導入した。すると、すぐに結果が表れた。今日では、法律で、父親と母親はそれぞれ90日（約3か月）の育児休暇を取らねばならず、もしも取得しなければ権利が失われる。2017年のデータで、スウェーデンの父親の育児休暇取得日数は全取得日数の約27％を占めている。しかし、もしも子どもが病気になれば、両親保険でこの状況も経

済的にカバーできる。また、父親の 47％ は、より男女平等なパターンで育児休暇を取得している（スウェーデン社会庁，2017 年）。

　今日、育児休暇制度は、すべての親に対して合計 18 か月間の休暇（子どもが 8 歳になるまで、給与の 75％ をカバー）を取る権利を与えている。このうち、保険では、390 日間にわたって給与の約 80％ を、さらに 90 日間を一日当たり 180 SEK/ 日（約 3,500 円（クローナで表示））でカバーする。両親は、それぞれの親が取得しなければいけない最低限の 90 日間を除いて、育児休暇の日数の割り振りを決定する。スウェーデンの父親は、他の国の父親に比べてより家族に貢献している。父親が育児休暇を使えば使うほど、2 人目または 3 人目の子どもの誕生が多くなる。

　したがって、スウェーデンでは人口減少の危機はもはや存在しない。1980 年代の初めから、女性の就業率の上昇に伴って出生率も上昇している。女性が、母親でありながら仕事を続けられると分かっている場合、より多くの子どもが生まれる。スウェーデンの出生率は 1.97 と 2.01 の間で変動しているが、日本では 1.39、韓国では 1.22、香港では 1.11、また、世界平均は 2.45 である（UNICEF, 2014）。

（2）国の委員会による基盤の構築

　1960 年代のスウェーデンでは、就学前の施設を利用できた生後 6 か月から 6 歳までの子どもの割合は 10％ 以下であり、非常に低い割合だった。このため、女性が働くことは難しく、労働市場は女性のための組織や専門家と力を合わせて、より組織化された保育を要求した。しかし、これはどのようにして推進されるべきで、またどんな内容と教育方法（pedagogy）をもつべきだろうか？ これらの問題を研究するため、政府は 1968 年に、保育施設調査委員会（Barnstugeutredningen）を任命し、専業主婦としての生活を離れて労働市場に入った多くの女性が必要としていた、良い保育施設に対する急速な需要の高まりを解決しようとした。委員会の提案（SOU 1972: 26, 1972: 27）は広範に議論され、1975 年には最初の就学前学校法（Förskolelag）が成立した。この法律では、就学前学校は、すべての子どもたちに良い幼児期を保障するものとして、現代の福祉社会における重要な構成要素の一つであると述べられている。また、子どもの遊び、発達、学びを支援し奨励するとともに、親にとっては、親としての役割を職業や学業と両立させることを可能にするものと考えられた

（Engdahl, 2004, 2011）。就学前学校には全日制のものと半日制のものがあり、どのような形態であれ、エデュケアと呼ばれるモデルに従って教育とケアを組み合わせることとなった（Walch, 1993）。就学前学校は、子どもたちのニーズに合った良質で楽しい環境を整え、同時に、子どもたちによいケアを行うことで両親のニーズに応え、その結果、親が働くことを可能にし、社会に貢献しなければならない（Engdahl, 2011）。

　「就学前学校（förskola）」という総合的な概念が、全日制または半日制の施設に導入され、国の補助金によって、自治体は就学前学校を建設することを強く奨励された。すべての6歳児は、毎日3時間、無料で保育を受ける権利を無条件で保証された。全日制の保育グループは、「年少グループ」（6〜36か月）と「きょうだいグループ」（2.5〜6歳）の2つに組織された。年齢層が異なる子どもたちを同じグループに入れる利点は、自分よりも年齢が上または下の仲間と一緒に遊ぶ可能性をより多く提供できること、兄弟姉妹が同じグループに一緒にいることがより多くなること、子どもたちにとってグループを変わる必要が1回で済むこと、スタッフにとってより多様な仕事ができること、が挙げられている（Walch, 1993）。

（3）優先目標の達成をめざした発展

　国の委員会からの提案（SOU 1972: 26, 1972: 27）の後、保育施設への子どもたちの入園は増えていった。1975年時点では、0.5歳から6歳児のうち保育施設を利用するのは10%のみ、という非常に低い数字から始まっていたが、今日のスウェーデンでは、すべての子どものために就学前教育が提供できている。

　1980年代と1990年代、保育に関する政治的目標はさらに進展した。公的な保育は今や一般福祉制度の一部として受け入れられたが、それは、スウェーデンのすべての子どもたちが低額の料金で保育施設を利用できなければならない、ということを意味していた。「すべての子どものための就学前学校を」（Bill 1984/85: 209）によって、どのような家庭環境にある子どもであろうとも、すべての子どもに就学前学校に通う権利が確立された。こうして、1980年代と1990年代には、仕事をしたり教育を受けたりしている親のいる子どもたち全員を受け入れるための保育の拡大が、各地方自治体の政治家にとって大きな課題となった（Bengtsson, 1995）。就学前学校の数が増えることで、より多くの改革が可能となった。たとえば、待機リストで入園を待つ期間は最長で4か月、

3歳児よりも年長の場合は1日3～4時間が無料、費用は非常に低く定額で、1、2歳児は月額1382 SEK（約17,280円　2023年3月当時のレートによる）、3～5歳児で月額922 SEK（約11,670円　2023年3月当時のレートによる）となっている（Swedish Social Insurance Agency,2018）。

　1993年、社会省大臣は法案を成立させ、子どもたちの位置づけと就学前学校に通う権利を強化した。この法律において就学前学校は、集団内での教育によって、子どもたちとその情緒的、社会的および認知的な発達を援助して刺激を与え、良好な生活状態に貢献し、親が自分たちの職業や学業と子どものケアや子どもへの責任を果たすことを両立しやすくするためのものである、と定められた（Bill 1993/94: 11,23-39）。そして1996年には子どもが教育を受ける権利がより促進され就学前学校の最も主要な存在意義となった。förskolaのモデルは社会問題を扱う部門で開発されたが、その後、1996-1998年に教育システムに組み込まれた。すなわち、社会庁を監督当局とする社会省の管轄から、学校庁を新しい監督当局とする教育研究省の管轄へと移管（1996/1997,1）されたことは、「家族政策」から「教育政策」への転換を示したものだった（Engdahl, 2004; Martin-Korpi, 2007）。

　1998年、政府は幼児教育の任務と目標に関する質的側面についても取り組み、「最初の全国統一の就学前学校カリキュラム（以下、ナショナルカリキュラム）」（NAFE, 2011）を制定した（Lpfö98）。この中で、教育大臣は就学前学校の重要な任務を指摘した。これまで担ってきた、子どもに教育を提供することと、親が親としての役割を果たしつつ職業や学業における可能性を追求できるようにすることのうち、教育的任務の方を強調したのである（Bill 1997/98）。つまり、就学前学校の第一の任務は、すべての子どもの学びと発達のための最良の機会を確保することである（Engdahl, 2004）。カリキュラムにおいて就学前学校の任務は、エデュケアモデルに基づき以下のように説明されている：

　　　　就学前学校は生涯学習の基礎を培うべきである。就学前学校は、**すべての子どもにとって楽しく安全で豊かな学びのある場でなければならない**。就学前学校は、子どもの発達と学びに刺激を与え、安全なケアを提供しなければならない。**活動は、子どもとそのニーズの全体を捉える観点に基づき、ケア、社会化、学びが一体となって全体を形成するように設計されるべきである**（NAFE, 2011, 4, 太字は筆者による強調）

（4）政治的ビジョンの実現

　前節で説明したように、スウェーデンの就学前学校・モデルは、ケア、遊び、発達、学びを組み合わせて、2つの機能を果たすように構成されている。子どもたちに遊びを基本とした学びの環境を提供することと、親が子育てと仕事を両立できるようにすることである。このことはスウェーデンの家族福祉政策の基盤として記述されているが、同時に、はっきりとした教育への指向をもっている（SOU 1972）。

　2017年には、1〜5歳児の84％が就学前学校に参加しており、ほとんどすべての子どもたちが1歳から2歳の間に就学前学校に入園している（NAFE, 2017）。親は、就学前学校が使える状況では就学前学校を選択しており、在宅型の教育的保育（pedagogiskomsorg）を利用しているのは1〜6歳の2％のみである。就学前学校の1グループあたりの平均的な子どもの数は16人である。就学前学校の80％は地方自治体によって運営されているが、残りの20％は民営の就学前学校であり、親協同組合、職員協同組合、株式会社によって運営されている。しかし、すべての就学前学校は税金によって運営費を調達しており、全日制で1日あたり10〜12時間開園している施設が最も一般的である（NAFE, 2017）。

　Hammarström-Lewenhagen（2013）によると、エデュケアモデルは、民主主義的価値観、人々の平等（equality）、社会的平等の実現（social equalization）、乳幼児の養育と教育などの社会のニーズに、生涯教育システムの中で応えようとする交渉の結果生まれた、現実的なモデルであった（Delors, 1996）。当初から、エデュケアの概念に関連する5つの重要な類型が存在してきた。1つめは、ケア、養育（nurture）遊び、発達、学びを統合することによって可能となる「ホリスティックな（全人的）アプローチ」である。この側面は、他の国々との比較によって、しばしば北欧モデルと呼ばれる（Broström & Wagner, 2003）。その広範囲にわたるパターンは、基本としてケアと教育を共通の、または結合したプロセスとみなし、すべての保育活動には学びが含まれ、その逆もまた真であると考える。2つめは、「ケア」つまり、保護者が仕事、もしくは学習している間の子どもの養育と関係するパターンがある。エデュケアは、同じ施設の中での、長時間にわたるケアと教育とを組み合わせている。3つめは、「質と量の相互関連」というパターンがあり、エデュケアは、「すべての子どものための就学前学校」として全施設において質の高い教育に向けて努力している。スウェーデンには、様々な特別のニーズをもつ子どもたちを分離して扱う施設

がほとんどない。社会的な目的をもった質の高い教育への普遍的な権利は、非常に重要である。4つめは、エデュケアにおいては、幼児教育の核心部分を維持しながら、同時に、教育学（pedagogy）を定義し、さらに発展させるための努力がなされている。最後に5つめとして、就学前学校と学校の統合が進むにつれて、「学校化」の危険性、つまり、力のある昔ながらの学校の伝統に対してエデュケアモデルをいかに守るか、という問題についても議論されている（Hammarström-Lewenhagen, 2013）。次の節で、エデュケアの5つの重要な類型について詳細に説明する。

　平等、自由、民主化に関する政府の意図は、研究された期間に行われた諸々の決定だけでなく、就学前学校の形成プロセスにも大きな影響力をもってきた。たとえば、「すべての子どものための就学前学校」を求める苦闘のプロセス、親の参加、スタッフの協働など、確認された言説のテーマのほとんどすべては、社会についてのこれらの議論につながっている（Hammarström-Lewenhagen, 2013; Martin-Korpi, 2007）。

　すべての子どもたちにサービスを提供する就学前学校の飛躍的な増加により、今日、スウェーデンにおいて公共の幼児教育システムは、現代の一般的な子ども時代の一部となっている（Persson & Tallberg-Broman, 2017）。スウェーデンの就学前学校のモデルは、今や、国際的にもエデュケアモデルと呼ばれ、そのユニークな特性を OECD によって高く評価されている（OECD, 1999）。ユニセフ（2008）が行った、幼児教育とケアに関する国際調査において、スウェーデンは参加 25 か国のうち第1位となった。

2 EDUCARE・モデル

　このセクションでは、エデュケアの意味と、それがスウェーデンの幼児教育にどのように浸透しているかについて、Hammarström-Lewenhagen（2013）において述べられた5つの重要なパターンを詳述することで論じる。すなわち、全人的（ホリスティック holistic）なアプローチ、教育とケアの組み合わせ、すべての子どものための就学前学校、教育学（pedagogy）、そして「学校化」の危険性である。

（1）全人的（ホリスティック）なアプローチ

　スウェーデンの就学前学校は、子どもたちに対して包括的かつ全人的な視点を基盤にしている。全人的な視点は、子どもを独立した固有の存在として認識し、知識、感覚、感情を一体化する。全人的な視点は子どもを一人の全き人間として捉え、身体と魂、頭と心、認知と運動などの論法に結びつけられた二項対立・二元的な見方で分断することはしない。この全人的なアプローチが、就学前学校をいかに組織するかに密接な関わりをもってきた（Engdahl, 2011; Walch, 1993）。私たちは、[子どもたちにとって]家庭以外の環境が複数の施設ではなく一か所だけになるように努力している。そのため、就学前学校の開所時間は、ほとんどの親のニーズを満たすことができるように、通常午前6時30分～午後6時30分に設定されている。しかし、親たちのニーズに合わせて、それぞれの就学前学校で決定されることも多い。

　全人的な視点はまた、就学前学校の日常のプログラムの構成にも関与している。就学前学校においては、遊び、ケア、創造、学び、発達は互いに関連づけられ、すべて考慮されなければならない。子どもはいつでもどこでも学ぶことができるだろうし、子どもたちが教師の意図を超えて学ぶであろうこともわかっている（Pramling-Samuelsson & Fleer, 2009）。特に、子どもの学びと、教師が設定した目標との間の関係は弱いものである。このように考えるならば、就学前学校のプログラムのすべての側面と就学前学校の環境のすべての部分が重要になる。十分に計画されたカリキュラムに加えて、教師や他の保育スタッフには、子どもたちが何らかの現象や対象に対して自発的に関心を示している瞬間をつかむスキルが必要になる（Pramling,Doverborg & Pramling-Samuelsson, 2017）。子どもたちが就学前学校で出会う大人たちは、一人一人の子どもに可能性を見い出し、個々の子どもともグループとしての子どもとも、共に関わり合うことができる人でなければならない（NAFE, 2011）。

　全人的なアプローチの3つ目の重要な側面は、環境である。ナショナルカリキュラムでは、就学前学校は子どもに安全な環境を提供するべきであり、同時に、その環境は子どもたちの能力を刺激し、遊びや活動を促すものであるべきであると定めている。就学前学校の環境は、子どもたちを刺激して、周りの世界を探索させるものでなければならない（NAFE, 2011）。スウェーデンの多くの就学前学校は、マラグッツィ（Loris Malaguzzi）の哲学から着想を得ている。イタリアのレッジョ・エミリアの幼児学校におけるアプローチでは、環境は非

常に重視され、時には、第3の教師とも呼ばれている（Project Zero, 2001）。環境と用具の構成は身の回りにある意味ある情報として、さらには、子どもたちと能動的に関わり合う存在としてすら、捉えることができる。スウェーデンにおいて環境とは、常に、屋内と屋外の遊び場、自然と地域社会の両方を含んでいる。

（2）教育とケアの組み合わせ

　エデュケアモデルは、教育とケアを結びつけることを明確にめざしている。スウェーデンでは、20世紀に幼児教育に対する多くの投資が行われたが、20世紀の子どもたちの多くが通っていたのは、フレーベルがキンダーガルテンと呼んだような半日制の保育施設だった。誰か個人の家庭に子どもを託して育児をしてもらうことも一般的だった（NAFE, 2017）。今では法律で、3歳以上の子どもたち全員に対して無料の就学前教育が提供されている。これは小学校の学期にならっており、毎年525時間にわたって提供される。ほとんどの親にとって、1日3時間ではニーズに応えられず、今日の親たちは全日制の就学前学校を選択している。教育的保育と就学前学校の2つから選べる場合、親は就学前学校を選択し、今日では、教育的保育に預けられている子どもは2％程度に過ぎない（NAFE, 2017）。

　しかし、都市では新しい展開も見受けられるようである。都市では、親の勤務時間が長く、子どもたちを10時間、あるいはそれ以上にわたって就学前学校で過ごさせたくない親もいる。その結果、新しいタイプの子守役として、ティーンエイジャーのベビーシッターであったり、もう少し年長のナニーが、午後に子どもたちを就学前学校に迎えに来るのを見ることができる。特に大都市で、自分のキャリアのために忙しくしている親の間では、このような子守役が子どもたちを家に連れて帰り、何か食べる物を与え、数時間の間世話をすることが、スウェーデンにおける幼児のケアの一部となってきている。

　また、就学前学校では教師と准保育士やアシスタントがチームを組んで働いているが、そのスタッフの間で議論になっていることがある。それは、特定の「教育」のための時間と「教育」のための業務が教師によってのみ担われており、他の業務は資格を必要としないこととして准保育士やアシスタントに任せられるのが適切か、という問題である。そのような展開は、全人的なアプローチに反するものであろう。この問題は、スウェーデンにおいて現在、教師の平均年

齢が高くなり、多くの教師が退職し、大学での教育を受けている教師があまりにも少ないことから、教師に対する需要が増大していることを考えれば理解できるであろう。

（3）すべての子どもに就学前学校を

　エデュケアモデルは、親のニーズと要求に応じて、すべての子どもを対象とするように設計されている。「すべての子どもに就学前学校を」という概念の背後には、すべての就学前学校が質の高い教育と養護を提供すべきであるという考え方がある。すべての子どもが歓迎され、就学前学校の選択は親に委ねられている。ある子どもが特別なサポートを必要としている場合、就学前学校の校長はその子どもの付加的なニーズのために組織を立ち上げ、対応する責任がある。特定のグループの子どものための就学前学校の数は非常に少なく、それらの少数の就学前学校は特定の言語面でのニーズや聴覚障害のある子ども、発達に関して重複する重度の問題のある子どもなどのために設けられたものである。

　しかし過去数十年間の研究では、就学前学校の間で、さらには同じ自治体内の就学前学校の間で、質的に大きな違いがあることが示されている。イェーテボリ大学の研究（Sheridan, Pramling-Samuelsson & Johansson, 2009）は、質的観点から3つの異なるカテゴリーの学びの環境を特定し、就学前学校における子どもたちの学びの機会が不平等であることを示唆している。そのカテゴリーとは「分離し限定する環境」（質が低い）、「子どもを中心とした話し合いが行われる環境」（質が良い）、「子どもの潜在能力が刺激される学びの環境」（質が高い）である。これらのカテゴリーの違いに関連するものとして、異なる教育の指向性（責任放棄、支配、話し合い、学び指向のアプローチ）が識別された。この研究結果は教師の能力の重要性を再確認するとともに、教師のもつ知識の質の一般的な水準（generality）を示している（p.280）。

　スウェーデンの学校査察局（Skolinspectionen）は、2015〜2017年に、スウェーデンの就学前学校の質を様々な面から評価した。一部の報告では、質のばらつきが大きすぎることが確認されており、特に興味深いのは、1〜3歳という最年少の子どものための教育を調査した2016年のレポートである。就学前学校の多くはエデュケアモデルに従っており、子どもの安全と安心を保証するための配慮と監督を行っている、と評価された。しかし、就学前学校の5分

の1はそうではなかった（Swedish School Inspectorate,2016a）。このような結果は、エデュケアモデルの実施における問題点と理解できるかもしれない。つまり、スタッフは子どもたちと十分に接触せず、必要とされる時に相手をしておらず、しばしば消極的で距離があり監督的な態度を示し、コミュニケーションのパターンは叱責や指示が大半で子どもを中心とした対話ではなかった。1つの就学前学校が受け入れる子どもの数が多ければ多いほど、スタッフが子どもたちに向ける関心は少なくなっていた。

　この研究の発表後、幼児教育全般における質を高める方法が議論されるようになり、就学前学校での違いが大きくなっている理由や良い方向への発展を支援する手段を検討する研究プロジェクトが進行している。

（4）教育学

　エデュケアモデルは、児童発達学、幼児社会学、教育学の研究（たとえば、Dahlberg & Moss, 2005; Dahlberg, Moss & Pence, 1999; James & Prout, 1990; Sommer, Pramling-Samuelsson & Hundeide, 2010; Stern, 1985, 1990, 2004; Sylva, et al., 2010）および国連総会採択の「子どもの権利条約」（UN, 1989）から大きな刺激を受けながら、スウェーデンの幼児教育において教育学を発展させる力となっている。子どもに対する新しい考え方、すなわち、有能で主体としての権利を有する市民として子どもを捉える見方は、子ども主体の教育学（child-oriented pedagogy）への道を開いた。したがって、ケアの過程は、「エデュケア」の一部として学びの過程であり、双方向のコミュニケーション行為であり、関係に基づいたプロセスと見なされる。包摂的な方法でケアを提供することは可能である。すなわち、ケアを受ける人の視点に焦点が当てられており、ケアを受ける人であると同時にケアを提供する人になることを学んでいる（Noddings, 2003）。信頼と密接な人間関係とケアを、子どもの成長と学びの前提条件と見なしている研究者もいる。

　教育におけるこのような子どもとケアに対する見方は、子どもが市民としての基本的人権をもつとする、子ども主体の視点の採用を促進している（Dahlberg & Moss, 2005; James & Prout,1990; Sommer et al., 2010）。子どもたちは日々の生活の中で、自分の考えを表現し、耳を傾けられ、意思決定に参加する権利をもっている（CRC, 2009; Davis, 2014; UN, 1989）。私自身、ある公立の就学前学校における研究で、子どもに対するこの新しい視点の正しさを確認した。幼

児たちは、遊びの中で互いに強い関心と敬意を示し、様々な手段を用いて意思疎通を図っていた（Engdahl, 2011, 2012）。何よりもジェスチャーや表情などのボディランゲージと体の動きを用いて、幼児は感情面での互いへの気づきと共同注視を示した。これらの能力は例えば、挨拶の行動、遊びへの招待、特定の仲間を探す時などに示された。年少の幼児もまた、他の子どもの感情に同調できること（Stern, 1985, 1990, 2004）や、他の幼児の視点を取れることが認められており、私の研究でも、これらの幼児が就学前学校で、いかに積極的に友だちとしてふるまっているかを描写することができた。この研究の結論として、子どもたちは年少の頃からすでに社会の一員として活動しており、それゆえに、他の市民と同じような敬意と接遇をもって扱われなければならない、ということが確認できた（Engdahl, 2011）。

　エデュケアの〝edu"の部分である教育については、学びは人間関係と文脈に関連していることが研究で示されている。幼児教育の本質は、「人間であること」（「人間になること」ではない）を学ぶことである。それは、社会における基本的価値観と人間関係構築の方法を学ぶことである（Engdahl, 2017）。マラグッツィの議論と彼の「100の言語」のメタファーを借りて言うならば、就学前学校の質は、子どもたちが私たちに語っていることに耳を傾け、それに従って行動する能力に関連している。ジルヴィアら（Sylva et al., 2010）は、バランスの取れたやり方で、子どもと教師のどちらかがイニシアチブをとることができるアプローチを提案し、これを「共有された持続可能な思考」と呼んでいる。教えるとは、何かを誰かに示すことであり（Pramling et al., 2017）、子どもたちにとっての合流点と挑戦すべき課題を作り出すことである。子どもは他の子どもと一緒に遊んで学ぶことを好むものであり、子どもとは本来「遊び学ぶ子ども」であり、教師は子どもの参加を中核に据えた協働的なアプローチをとるべきである。

　目標指向の就学前学校において、教育はナショナルカリキュラムによって枠組が定められているが、その方法については、各自治体で教師によって決定される。カリキュラムは、これまでの伝統と新しい研究の両方に、またエデュケアモデルに、よく合致したものとなっている。教育方法の特徴は、子どもたちの日常生活と彼らが関心を示す事柄を活用し、教科の枠を越えたプロジェクトやテーマをもった活動を行っていることである。統合されたカリキュラムのアプローチと実際の生活に根ざしたトピックを取り上げることにより、教師は子

どもたちの参加について学び、子どもたちの声に耳を傾けている。国連条約で保証された子どもたちの権利は、このようにして目標になるとともに、目標に達するための手段ともなる（Engdahl, 2017; Pramling et al., 2017; Sommer et al., 2010）。

　エデュケアモデルは、教師と子どもたちの間の緊密な関係を保障し、同時にそれを可能にする。教師が子どもたちの興味・関心に近い目標を立てて努力する時、学びへのモチベーションが生まれ、学びはより意味をもつようになる。

（5）「学校化」（schoolification）のリスク

　世界的に、教育と学びに対して、より認知的アプローチを優先する傾向があり（例えば、Dahlberg & Moss,2005;Pramling et al., 2017 を参照）、主に小学校以上で支配的になっているが、就学前学校にも関係している。スウェーデンでは、教育大臣が 2010 年に懸念を表明し「就学前学校の教育の可能性は十分に活用されておらず、教育的な任務が指摘されることになるだろう」と述べ、ナショナルカリキュラムが改訂された（NAFE, 2011）。エデュケアモデルと基本的な職務に関しては全く変更がなかったが、言語、数学、自然科学および技術の科目内容について追加目標が指定され、結果として認知的側面が強化されている。

　学校化のリスクは、中等教育から初等教育の学校へ、さらには就学前学校に対して、学校の概念と価値観を押しつけることに認められる。「授業」や「休み時間」などの言葉は学校の概念であり、一方、これに相当するが同類ではない就学前学校の概念は、屋内と屋外、アクティビティ、遊び、サークルタイムである。スウェーデンの学校の教師の大半は、当番制で「休み時間の監督者」になっているが、就学前学校の教師は、教師としての仕事の自然な一部として、屋外の環境を利用し屋外での遊びと学びに参加している。

　学校化についての議論は 1990 年代にすでに始まっていた。当時の政策立案者たちは、1 歳から 19 歳までのすべての形態の学校間の連携を促進した（Bill 97/98: 93）。すべての形態の学校が、それぞれの教育方法を開発し、たとえば体験学習、価値観の明確化、創造的思考、問題解決、ストーリーテリング、探究学習などを、より多く使用するように求められた。エデュケアモデルをスウェーデンの小学校に導入することを望む教師や政治家もいる。しかし伝統を変えることは難しく、大半の人々にとって、子どものケアは学校の主な任務で

はなく、親の任務であると認識されている。小学校の教師の多く、そして間違いなく中等学校の教師の多くは、人間関係の構築を教育における基盤と捉えていない。その一方で就学前学校の教師は、指示を与える存在となり、自分の任務を知識の伝達のみに狭めることを望んでいないので、教えることを恐れている。

　スウェーデンの就学前学校の全国評価においても、より認知的な方向性をもつ任務に向かい、その結果エデュケアモデルから離れることになるような視点の転換を求める声が報告されている。

　　　国の事後評価（national evaluation）に参加した就学前学校の3分の1は、認知的視点（学びと定義される）が最も重要であると述べたが、学びの定義についてはばらつきが見られた。（NAFE, 2004, 171）

　　　私は、子どもの育成は親の責任と考えますが、私たちは親を支援します。学びが最も重要な課題であり、私たちの主要な任務です。（NAFE, 2008, 50 における校長の発言）

　2016年、スウェーデンの学校査察局（2016b）は、子どもたちがそれぞれの前提条件に即して発達できるように、就学前学校が子どもの学びと発達を刺激し意欲をかきたてているかどうかを評価した。ほとんどの就学前学校は、刺激的で楽しいプログラムを子どもたちに提供していた。しかし多くの就学前学校で、それらの取組は、学校法（2010:800）に示されている教育課題である、意識的で目標指向の過程としては組織化されていなかった。校長、教師、アシスタントの中には、教育と学びの概念の理解の欠如、さらには混同が認められた。教師の責任と活動チームのメンバー間での役割の分担方法も、同様に明らかでなかった。学校査察局は結論として、明確化すべきいくつかのポイントを示唆したが、その中には、就学前学校における「学びの援助」（undervisning, 英訳 teaching）の定義と教師の責任が含まれていた（Swedish School Inspectorate, 2016b）。

　政府は迅速に行動し、ナショナルカリキュラムを改訂した。この改訂が求められた背景には、初版の出た1998年以後、スウェーデンが多文化国家となった社会の発展が挙げられる。遊び、ケア、教育、持続可能な発展、国際化に関してカリキュラムをさらに発展させるため、特定の分野が改訂を導いてきた。

　改訂されたナショナルカリキュラムは2018年8月に公布され、就学前学校におけるケアの重要性を強調するいくつかの新しい条文が加わり、就学前学校

の任務の定義には次の文が既に追加されている：

　　　　教育は、子どものウェルビーイングと安全・安心のためのケアを通して広く行われるものとする（Ministry of Education and Research 2018, 6, 著者訳）。

　全人的な視点についての記述が付加されたことで、エデュケアモデルはさらに推進されており、第2.2節のタイトルには「ケア」が加えられ、「ケア、発達、学び」とされている。学びの援助は、子どもにとって刺激的で挑戦的な活動を通して学びを促すことと説明されており、ナショナルカリキュラムの目標から生まれ、学びの過程をめざすもの、と記述されている。子どもたちの発達と学びは常に進行中のプロセスであり、したがって、学びの援助は、計画された内容と自発的な内容の両方から生まれるものである。就学前学校の教育は、学校法に従ってチームを組んだ教師によって導かれ、ケア、発達、学びを全人的に統合する。毎日の日課と活動は教育の一部である。

　エデュケアモデルを弱めるプロセスとしての学校化の危険性は、世界的に進行中の傾向である（Dahlberg, Moss & Pence, 1999; OECD, 2006）。Hammarström-Lewenhagen は、スウェーデンの就学前学校モデルの歴史的評価を次のような言葉で締めくくっている。

　　　　全体的な結果として、1972年の国の保育施設調査委員会（Barnstugeutredningen）の報告（SOU 1972: 26, 27）に規定されたモデルの枠組みと中心的な特徴は、調査期間終了後においても依然としてカリキュラムに大きな影響を与えている。これは、発表された就学前学校カリキュラム（Lpfö 98）の教育内容と、カリキュラム全体の両方にあてはまる。全期間にわたって「小学校入学準備」という伝統（OECD 2006 s.13）の代わりに、生きることへの幅広い準備に基づく、生涯学習の基礎段階としての「カリキュラム」という伝統が守られてきた。そのような［小学校入学準備をめざす］提案の擁護者は、主に1968年から1998年の時代の最終にあたる第三段階において存在した。（Hammarström-Lewenhagen, 2013, 333）

　改訂されたスウェーデンのナショナルカリキュラム（Ministry of Education and Research, 2018）では、遊びの重要性が「遊びは、発達と学び、ウェルビーイングの基礎である」という見出しの新しいセクションにより強化された。その冒頭では、次のように述べてられている。「遊ぶことは子どもにとって重要なことである」（Ministry of Education and Research 2018, 5, 著者訳）。就学前

教育における遊びの重要性の明確化は、学校化のリスクについての議論に役立つであろう。

3 持続可能な社会のための幼児教育

　エデュケアは、教育とケアの間のバランスを体現している。今や、就学前学校を越えて社会の中に、さらには地球全体へと視野を広げることも必要である。スウェーデンも日本も、国連採択の「持続可能な開発目標（UN,2015）」を批准しており、その目標4はすべての人に質の高い教育を提供することを求めている。しかしながら教育はまた、すべての目標を達成するための手段であり鍵となる要素であり、教育システム全体の新たな方向づけが「2030アジェンダ」のプロセスを成し遂げるために必要である。この新たな方向づけには就学前学校も含まれている。今や、子どもたちが就学前学校に通う権利を主張することが重要である。幼児期の教育とケアは、子どもの家族、労働市場、ジェンダー平等のためだけでなく、社会全体にも貢献し、有益である。この貢献は、現在、改訂されたナショナルカリキュラム（Ministry of Education and Research 2018）の次の目標に認められる。

　　就学前学校は、すべての子どもに次の発達の条件を提供する。
　　　– 持続可能な開発に対する関心と責任を培い、積極的に社会に参加する（p.8）
　　　– 自然における季節の循環や関係性を理解し、人間、自然、社会が互いにどのように影響し合っているかを理解する（p.10）
　　　– 人々の日常生活における様々な選択が、持続可能な開発にどのように貢献するかを理解する（p.10）

　また、国連のグローバルな持続可能な開発目標のいくつかは就学前学校に直接関連している。ここでは国連の目標のいくつかを提示して、スウェーデンを例に、これらの目標が幼児教育とエデュケアアプローチに関連していることを示したい。

（1）国連「持続可能な開発目標」2015-2030

目標3. 健康と福祉：あらゆる年齢のすべての人々の健康的な生活を確保し、福祉を推進することを目指す。研究によると、就学前学校と学校の間の協力

と連続性は、就学前学校から学校への子どもの移行における困難を防ぐ重要な要素である。この移行期における健康と福祉に関する協力について、詳細なガイドラインは存在していない。スウェーデンにおけるこれまでの研究はばらつきが大きく、専門家の相互理解を困難にしている（Engdahl et al., 2018）。

目標 4. 質の高い教育：今回、国連は初めて、すべての子どもに対する幼児教育の目標をも設定した。目標4.2：2030 年までに、*すべての女児と男児が質の高い幼児期の発達、ケア、就学前教育にアクセスできるようにする*ことで、初等教育を受ける準備ができるようにする。目標4.7 も重要である。目標4.7：2030 年までにすべての学習者が、*持続可能な開発の促進に必要な知識とスキルを得られるようにする*。この知識とスキルは、持続可能な開発と持続可能なライフスタイルについての教育を通して得られるもので、人権、ジェンダーの平等、平和と非暴力の文化の促進、グローバルシチズンシップとしてのあり方、文化的多様性および持続可能な開発に対する文化の貢献の価値の理解などが含まれる（UN, 2015）。

目標 5. ジェンダーの平等：2030 年までに、あらゆる地域のすべての女性と女児に対するすべての形の差別を終わらせる。2017 年には、ハッシュタグミートゥームーブメント（#metoo-movement）によって、差別とジェンダーに基づく虐待に関連する世界的な議論が始まった。何千人もの女児と女性がハラスメントについて語り、就学前学校においてすでにジェンダーの平等の促進が急務であることを示している。

目標 10. 国内および国家間の不平等の緩和：2017 年、8 人の男性が世界の資産の 50％以上を所有しており、一方で、世界人口の 10％が 1 日 230 円以下の生活費で暮らしている。しかしスウェーデンでは、この目標は、国内の不平等に対する活動をも要求している。この数十年間でスウェーデンでは、0 歳から 9 歳までの年少の子どもたちを取り巻くシステム間の協働が、質的にも量的にも減少した。例えば就学前学校と小児保健センターの間で、あるいは他の機関や親との関係について、何が協働を促進し、何が協働を妨げるのかについて、研究が必要である。

目標 16. 平和、正義、強力な制度：この目標を達成するためには、地方自治体、国、国際的レベルでの、複数の関係者間の包括的な協力が必要かもしれない。OMEP（世界幼児教育・保育機構）は、新生児から 8 歳までのすべての子ど

もたちが平和な世界の中で良好な生活条件と教育を与えられるようにすることを第一の目標として、1948 年に設立された。2009 年以来 OMEP は、持続可能な教育に関する大型の国際的なプロジェクトを統括しており（Engdahl, 2015）、これらのプロジェクトは今も進行中である。

（2）幼児教育の正当性の根拠の拡張

2030 アジェンダのプロセスは、人類が持続不可能な開発を持続可能性に転換しようとするならば、教育基盤を刷新すべきと呼びかけている。そのような教育のための新たな根拠となり得るものが、持続可能性のために幼児教育を正当化する Davis（2014）の新しいモデルに示されている。国連条約は個々の観点から作成されているが、現在の地球の状況は、より広い視野を必要としている。Davis は、幼児教育のための権利の 5 つの側面について論じている。生存、発達、保護、参加のための基本的な子どもの人権（UNCRC）、主体としての参加権、地球上での共生と先住民の権利と知識を認める権利、世代間の権利、そして生命／環境中心主義の権利である（Davis, 2014, 23）。

価値観、態度、行動は人生の初めから確立される。幼児期はすべての教育の出発点であり、そのため、就学前学校は持続可能性に関する重要な問題に取り組まなければならない。幼い子どもはすでに世界の状態についての考えをもっており、それはたとえば、OMEP の世界プロジェクトで示されている（Engdahl & Rabušicová, 2011）。子どもたちは日々の生活の中で、自分の考えを表現し、耳を傾けられ、意思決定に参加する権利をもっており（CRC, 2009）、OMEP プロジェクトは新たな方向づけの着想を与えるものとして役立つかもしれない。このプロジェクトで使用された方法は、子どもたちに呼びかけ、子どもたちの声を聞き、子どもたちの参加を促進するという意図をもってデザインされたものである（Engdahl, 2015）。このプロジェクトは自由意志で参加するものであったため、参加することを選んだ教師たちは、子どもたちが意味を作り出す過程の理解に関心を持ち、積極的で熱心な取組を示したと言えるであろう（Sommer et al., 2010）。

幼い子どもたちは、持続可能性のための変化を生み出すことに興味をもち、十分に対処でき、その能力をもっている。しかし、子どもたちが持続可能性の文化を学び、主体として行動することを支え、援助するためには、有能な大人が必要である（Davis,2014; Engdahl & Ärlemalm-Hagsér,2014; Pramling-

Samuelsson & Kaga, 2008）。しかし、スウェーデンの研究によると、教師は自然との親近性には強く結びついている一方で、政治的意識と批判的思考に欠けているように思われる。大きな違いをもたらす変化と、社会との結びつきを推進するために、教師に対する刺激と働きかけが行われなければならない。今や、幼い子どもたちを十分に尊重し、彼らの考えや創造性を重視し、意思決定において優先権を与えるべき時である（Engdahl & Ärlemalm-Hagsér, 2014）。子どもたちは 21 世紀を生きる人々であり、そのことはすでに 1992 年のリオで認められていた（Agenda 21）！最後に、持続可能なライフスタイルのためのエデュケアモデルの出発点として役立つであろう、子どもと教師のための質問で締めくくりたい：

> *この活動、プロジェクト、毎日の日課は、どのようなやり方で持続可能性に貢献しているだろうか？*
> *あなたの幼児教育の現場で、持続可能でないものは何だろうか？*
> *子どもたちとあなたはどのようにすれば、一緒になって、これらのディスカッションの中から、プロジェクトを始めることができるだろうか？*
> *どのようにすれば、より広いコミュニティを巻き込むことができるだろうか？*

（3）エデュケア － 持続可能なライフスタイルのためのモデル

　スウェーデンのエデュケアモデルは、そのビジョンに加えて、価値観、目標、すべての子どものための教育的内容をも含んでおり、個々の市民の観点とすべての市民の共同責任の観点を併せもっている。すべての市民が、今、ここで、そして未来に、私たちの子どもたちのために何を望むのかについての対話に参加することができる（Engdahl, 2015; Engdahl & Rabušicová, 2011; Hammarström-Lewenhagen, 2013）。

　日本とスウェーデンにおいて、幼児教育の伝統と起源は類似している。私の日本への訪問中、就学前施設をどのように組織化するかについての問題は、いつも白熱していた。研修旅行の間に私は、幼稚園は主に教育を強調し、保育園は大半がケアに重点を置くという、分割されたシステムに気づいた。しかしスウェーデンにおいては 1900 年代に、あまりに低い出生率によって引き起こされた危機に対応し、決然と行動に移して、育児休暇とすべての子どものための

質の高い就学前保育を提供したのに対し、日本における対応は遅く、2017 年の今、出生率は依然として容認できない低さである。しかし日本では、2012 年 8 月に「子ども・子育て支援法」という新しい法律が制定され、日本の子どもたちと子育てに関する諸問題を解決する可能性が生まれてきている。受け皿を作る取組が開始され（内閣府、平成 27 年本格実施）「認定こども園」（幼児教育と保育の総合一体化施設）の数を増やそうとしている。この新しいタイプの施設は、保育園と幼稚園の長所を組み合わせているという点で、スウェーデンの就学前学校と非常によく似ている。うまくいけばエデュケアモデルもまた、その元々の形というよりも、認定こども園、保育園、幼稚園において持続可能性の文化を構築するための基礎として、日本の幼児教育に良い刺激を与えられるのではないだろうか。

（注1）　本論文で著者は、エデュケア（EDUCARE）の概念はスウェーデンにおける家族福祉政策の変遷を経て発展してきたこと、そして、現在の子ども主体の教育学においては、子どもにとってケアの過程は双方向コミュニケーションによる学びの過程であり、ケアを提供する人になることを学ぶことであると捉えられていると述べている（本文 p21）。つまり、care の概念はエデュケアの概念と同様に時代とともに変化していると考えられ、そのような背景を考慮するならば、care を「ケア」とカタカナ書きするのが適当と考えた。
　わが国の幼児教育・保育の分野では、care は、世話、養護と訳される場合が多い。また、保育所保育指針では「養護と教育の一体性」が重要な概念として用いられており、これを education と care を組み合わせたエデュケア（EDUCARE）と同じ概念と捉える立場も考えられる。しかし、保育所保育指針（2017）では、「『養護』とは、子どもの生命の保持及び情緒の安定を図るために保育士等が行う援助や関わりであり、『教育』とは、子どもが健やかに成長し、その活動がより豊かに展開されるための発達の援助である」と二元的に説明した後で、「実際の保育においては、養護と教育が一体となって展開されることに留意する」と続けている。このような曖昧さが残る書き方については、「"養護と教育の一体性"という用語は、幼保二元性を基盤とする制度や実践がもたらした概念」（網野武博「新保育士養成課程における養護と教育の一体性」平成 30 年 保育士養成研究所 第 2 回研修会）であるとの見解もあり、「養護と教育の一体性」及び「養護」の概念がわが国の社会的文脈に規定されている一面が窺われた。それゆえ、care の訳語を「養護」としなかった。

（注2）　Barnskötare　准保育士
　高校のコース（3 年間）で Barnskötare になる教育を受けた者、または、地方自治体の成人教育 Komvux の 1 年間のコースを受けた者が得られる資格である。大学の就学前教育の課程（3 年半、学士）を修了した Förskollärare（就学前学校教師）とは教育レベルが異なるが、専門の教育を受けた資格であることから「准保育士」という訳語を用いた。

スウェーデンでは、「チーム保育」を基本としており、就学前学校教師と准保育士、時にはアシスタントも含めて合計3名でチームを組んで、1つのグループ（クラス）を担当している場合が多い。現行のナショナルカリキュラムには、就学前学校教師の責任と保育チーム（Arbetslaget）の任務が明記されており、准保育士は保育チームの一員としての役割を担っている。

参考文献

- Agenda 21. (1992). *Agenda 21*. UN Department of Economic and Social Affairs, Division for Sustainable Development. Retrieved from
  http://www.un.org/esa/sustdev/documents/agenda21/english/agenda21toc.htm
- Bengtsson, H. (1995). *Förskolereformen. En studie i implementeringen av svensk välfärdspolitik 1985-1991*.[The preschool reform: A study of the implementation of the Swedish welfare policy 1985-1991]. (Doctoral thesis, Lund Political Studies 86). Lund University: Deaprtment of Political Science.
- Broström, S., & Wagner, J. T. (2003). *Early childhood education in five Nordic countries. Perspectives on the transition from preschool to school*. Århus: Systime Academic.
- Bill 1984/85:209. *Preschool for all children*. Stockholm: Ministry of education and research.
- Bill 1996/1997:1. *Budgetpropositionen* (D11). Stockholm: Ministry of finance.
- Bill 1997/98:93. *Läroplan för förskolan*. Stockholm: Ministry of education and research.
- Bill 2017/18:9. *Starting school at six*. Stockholm: Ministry of education and research.
- Cabinet Office, Japan. (2015). *The Comprehensive Support System for Children and Child-rearing Information Booklet*. Tokyo: Implementation Preparation Office for the Comprehensive Support System for Children and Child-rearing at Cabinet Office.
- CRC. Committee on the rights of the child. (2009). *General comment no. 12: The right of the child to be heard*. Geneva: Human Rights, office of the high commissioner.
- Dahlberg, G., Moss, P., & Pence, A. (1999). *Beyond quality in early childhood education and care: Postmodern perspectives*. London: Falmer.
- Dahlberg, G., & Moss, P. (2005). *Ethics and politics in early childhood education*. London: Routledge Falmer.
- Davis, J. (2014). Examining early childhood education through the lens of education for sustainability. In J. Davis & S. Elliott, (Eds.), *Research in early childhood education for sustainability* (pp. 21-37). London: Routledge.
- Delors, J. (1996). *Learning: The treasure within*. Report to UNESCO of the International Commission on Education for the Twenty-first Century. UNESCO. http://www.unesco.org/new/en/unesco/resources/publications/unesdoc-database/
- Engdahl, I. (2004). Implementing a national curriculum in the Swedish preschool. *International Journal of Early Childhood Education*, 10 (2), 53-78. Seoul: Korean Society for Early Childhood Education.
- Engdahl, I. (2011). *Toddlers as social actors in the Swedish preschool*. (Doctoral thesis).

Stockholm: Stockholm University, Department of Child and Youth Studies.
- Engdahl, I. (2012) . Doing friendship during the second year of life in a Swedish preschool. European *Early Childhood Education Research Journal, 20*, 83-98.
- Engdahl, I. (2015) . Early childhood education for sustainability: The OMEP world project. *International Journal of Early Childhood*, 47, 347-366. doi:10.1007/s13158-015-0149-6
- Engdahl, I. (2017) . Att möta toddlare som medmänniskor och med respekt. In I. Pramling-Samuelsson & A. Jonsson (Eds.) , *Förskolans yngsta barn* [The youngest children in preschool] (pp. 225–245) . Stockholm: Liber.
- Engdahl, I., Blennow, M., & Nyléus, E. (2018) . *Children's health, well-being and education: Collaboration among professionals*. Stockholm: OMEP.
- Engdahl, I., & Ärlemalm-Hagsér, E. (2014) . Education for Sustainability in Swedish preschools: Stepping forward or out-of-step? In S. Elliott & J. Davis (Eds.) , *Research in early childhood education for sustainability* (pp. 208-224) . London: Routledge.
- Engdahl, I., & Rabušicová, M. (2011) . Children's voices about the state of the earth. *International Journal of Early Childhood, 43* (2) , 153-178.
- Hammarström-Lewenhagen, B. (2013) . *Den unika möjligheten: En studie av den svenska förskolemodellen 1968-1998*. [The unique possibility: A study of the Swedish preschool-model 1968-1998]. (Doctoral thesis) . Stockholm: Stockholm University.
- James, A., & Prout, A. (1990) . *Constructing and reconstructing childhood*. Basingstoke: Falmer Press.
- Martin-Korpi. B. (2007) . *The politics of pre-school: Intentions and decisions underlying the emergence and growth of Swedish pre-school*. Stockholm: Ministry of Education and Science.
- Mascolo, M. F., & Fischer, K. (2015) . Dynamic development of thinking, feeling and acting. In R. M. Lerner, T. Leventahl, & M. H. Bornstein, *Handbook of child psychology and developmental science, theory and method*. Hoboken, NJ: Wiley.
- Ministry of Education and Science. (1998) . *Curriculum for the preschool - Lpfö 98*. Stockholm: Fritzes.
- Ministry of Education and Research. (2018) . *Curriculum for the preschool – Lpfö18* (Revised ed.) . Stockholm: SKOLFS 2018:50.
- Myrdal, A. (1935) . *Stadsbarn*. [Urban children]. Stockholm: Kooperativa förbundet.
- NAFE National Agency for Education. (2011) . *Curriculum for the Preschool - Lpfö 98* (Revised ed.) Retrieved from https://www.skolverket.se/publikationer?id=2704
- NAFE National Agency for Education. (2017) . *Barn och personal i förskolan hösten 2016* [Children and staff autumn 2016]. Stockholm: National Agency for Education. Retrieved from https://www.skolverket.se/publikationer?id=3777
- Noddings, N. (2003) . *Caring: A feminine approach to ethics & moral education* (2 ed.) .

Berkeley, CA: University of California Press.
- OECD. (2006). *Starting Strong II*. Paris: OECD. Retrieved from
  http://www.SourceOECD.org
- Persson, S., & Tallberg-Broman, I. (2017). Early childhood education and care as a historically located place: The significance for parental cooperation and the professional assignment. *Nordic Journal of Studies in Educational Policy, 3* (2), 189-199.
- Pramling, N., Doverborg, E., & Pramling-Samuelsson, I. (2017). Re-metaphorizing teaching and learning in early childhood education beyond the instruction: Social fostering divide. In C. Ringsmose & G. Kragh-Müller (Eds.), *Nordic social pedagogical approach to early years* (pp. 205-218). Switzerland: Springer.
- Pramling-Samuelsson, I., & Fleer, M. (Eds.). (2009). *Play and learning in early childhood settings: International perspectives*. Dordrecht: Springer.
- Pramling-Samuelsson, I., & Kaga, Y. (Eds.). (2008). *The contribution of early childhood education to a sustainable society* (pp. 116-121). Paris: UNESCO.
- Project Zero & Reggio Children. (2001). *Making learning visible: Children as individual and group learners*. Reggio Emilia: Reggio Children.
- Sheridan, S., Pramling-Samuelsson, I., & Johansson, E. (Eds.). (2009). *Barns tidiga lärande: En tvärsnittsstudie om förskolan som miljö för barns lärande*. [Children's early learning: A cross-sectional study of preschool as an environment for children's learning]. (Göteborg Studies in Educational Sciences 284). Göteborg: Acta Universitatis Gothoburgensis.
- Sommer, D., Pramling-Samuelsson, I., & Hundeide, K. (2010). *Child perspectives and children's perspectives in theory and practice*. Dordrecht: Springer.
- SOU. (1972). *SOU 1972:26 and 1972:27: Förskolan del 1 och 2*. [Preschool, part 1 and 2]. Stockholm: Ministry of Health and Social Affairs.
- Stern, D. N. (1985). *The interpersonal world of the infant*. New York: Basic Books.
- Stern, D. N. (1990). *Diary of a baby*. London: Basic Books.
- Stern, D. N. (2004). *The present moment in psychotherapy and everyday life*. New York: W.W. Norton & Co.
- Swedish School Inspectorate. (2016a). *Trygghet och lärande för barn under 3 år: En ögonblicksbild av förskolans vardag*. [Safety and learning for children under 3]. Retrieved from
  https://www.skolinspektionen.se/
- Swedish School Inspectorate. (2016b). *Förskolans pedagogiska uppdrag*. [The educational task of the preschool]. Retrieved from https://www.skolinspektionen.se/
- Swedish Social Insurance Agency. (2017). *Statistics. Retrieved* from www.forsakringskassan.se
- Sylva, K., Melhuish, E., Sammons, P., Siraj-Blatchford, I., & Taggart, B. (2010). *Early childhood matters: Evidence from the effective pre-school and primary education project*. Abingdon, Oxon: Routledge.

· UN. (1989). *The UN convention on the rights of the child*. New York: United Nations. Retrieved from
http://www2.ohchr.org/english/law/crc.htm
· UN. (2015). *The sustainable development goals*. Retrieved from
https://sustainabledevelopment.un.org/sdgs
· UNICEF. (2008). *The child care transition: A league table of early childhood education and care in economically advanced countries*. (Innocenti Report Card 8). http://www.unicef-irc.org/cgi-bin/unicef/Lunga.sql?productID=507
· UNICEF. (2014). *Statistical tables*. Retrieved from https://www.unicef.org/sowc2014/numbers/documents/english/EN-FINAL%20Tables%201-14.pdf
· Walch, J. (1993). *The commotion of a social good: The case of Swedish educare*. Stockholm: HLS förlag.

第2章 就学前教育の歴史的展開と制度と実践

訓覇 法子

1 スウェーデン社会における教育の使命と役割

（1）はじめに

　教育とは、単に教え育てるだけではない。教育は、個人と社会の両方にとって重要な意味をもつ。個人にとっては、教育は社会が必要とする熟練労働力として労働市場へ進出することを可能にし、経済的自立や社会階層の移動を達成し、社会的地位を向上させることができる。国の社会政策にとっては、労働市場政策として社会が必要とする労働力の調達や再生産を確実なものにする。所得保障政策や経済政策からみれば、国民の経済的自立を図り、社会経済を安定させ、国内市場の活性化と生産性の向上によって経済発展をもたらす。このように、教育は国の複数の根幹的な政策を支える重要な柱である。

　また、教育とは個人に知識や技術の修得の機会を提供し、社会的存在としての人間の継続的な自己発達を可能にするだけではない。社会学的に考えれば、教育は社会が生み出してきた因習や差別、不平等などの社会問題の縮小や解消を図り、社会資源の分配を左右することができるように、世代を超えて長期的な影響を及ぼすことができる。すなわち、教育とは国家にとって、理想とする未来の社会を託すことができる市民育成のための必要不可欠な手段である。民主主義社会における教育のもっとも重要な使命は、市民の積極的な参加によって十分に機能する民主主義を社会に根付かせ、発展させることだといえる。現在のスウェーデンの就学前学校教育の目的や内容を理解するには、これまでのスウェーデン民主主義社会の形成と発展において、教育がどのように位置付けられ、教育にどのような役割が求められてきたのか、社会と教育の関係を歴史的に振り返ることが必要である。

　社会形成において、教育の役割や使命がどのように位置付けられているかを

考える時、それぞれの社会が依拠する価値基盤や、社会における多様な規範システムに生じる対立や衝突と切り離すことは難しい。国家には、これらの多様な政治的、思想的利害関係を調整し、合意に根差した見方や考え方を社会に浸透させていくことが要求される。また、経済的、政治的、社会的変化によっても、教育の役割は変化させられる。教育は、それぞれの国における社会の価値基盤や今後進むべき方向性、今日および将来を担う国民としての理想像を反映する。そういう意味で、教育は国家にとって重要な政治プロジェクトであり、国家は教育という手段を通して、理想とする社会に改革あるいは変革することができる。過去を振り返れば、たとえば日本では、1970年代初期中教審答申によって「期待される人間像」が提唱されたように、国家にとって好ましい国民のアイデンティティの形成を、教育は可能にすることができる。

　スウェーデンの教育に対する考え方や、教育の社会的な機能を理解するには、その背景として1900年代前半のヨーロッパの歴史の流れを振り返る必要がある。1930〜1940年のドイツにおいて、教育はナチズムに対して従順な国民を育成するための重要な洗脳的教化手段としての役割を果たした。ナチズムや第二次世界大戦への反省によって、どのような社会を建設し、どのような国民を育成し、教育がどのような使命や役割を担うべきかという議論が、ヨーロッパ諸国において巻き起こったのは当然の結果であった。ナチズムへの反省を踏まえた戦後のスウェーデンが求めた教育の使命は、民主主義を徹底して擁護し、民主主義的視座から社会形成を推進することができる市民を育成することであった。戦後、民主主義社会の形成を目指して一連の教育改革が推し進められたが、当時のスウェーデンの教育視座は、戦後70年に及ぶ時間の流れを経ても根源的に変わっていない。

　スウェーデン社会の民主化は、1800年代後半から始まったといえるが、女性の選挙権を含む全国民の参政権が成立したのは1921年になってからのことであった。産業革命による産業社会への移行に伴って社会が大きく変動する中、スウェーデンの近代化・社会変革を社会の底辺から押し進めたのが、自由教会運動、禁酒運動、労働運動などが代表する大衆・国民運動であった。並行して、労働者自身が自らを高めるための教育運動も高揚したが、公的な学校制度は、社会階層の高い子弟のための学校と、社会階層の低い労働者や農民の子弟のための学校の二つに分断されていた。スウェーデン社会の民主化の過程において、「分断された学校」から「一つの学校」への改革は、その後の教育改革の重要

な課題となった。

　スウェーデンは北欧の小国ではあったが、戦中期から社会民主党の主導によって、社会主義と資本主義の「中間の道」（Childs, 1936）、「国民の家」あるいは「スウェーデン・モデル」と呼ばれる、スウェーデン型福祉国家の建設が始められていた（これらの用語は同義語として使用されることが多いが、本文では文脈によって使い分ける）。ただし、福祉国家が本格的に発展させられたのは第二次世界大戦後であった。「スウェーデン・モデル」の概念定義は必ずしも一義的ではないが、資本主義と社会主義の中間の道、労使の協調、合意と妥協による社会形成を指して、「スウェーデン・モデル」と呼ばれることが多い（Thullberg & Östberg, 1994）。階級格差を縮小し、平等と民主主義を基本理念に据えた「国民の家」の建設において、「分断された学校」から「一つの学校」への改革が押し進められていったのは当然の結果であった。「国民の家」においては、教育はより平等な社会を構築するための市民の社会権保障として位置付けられた（Englund, 2005）。

　また、教育政策を社会政策としてとらえれば、いつの時代にも福祉国家の前提をなす経済発展に必要な労働力の再生産を充足させるために、労働市場政策と連動して発展させられてきた。しかし、時代の経済的、政治的、社会的変化によって、これらの政策と教育の関係が変化させられてきたことも指摘される（Dahlstedt & Olson, 2016; Englund, 2005）。

　スウェーデン社会の価値基盤とそれを支える国民の人間形成は、どのように考えられ、推し進められてきたのであろうか？福祉国家として本格的な発展を遂げた第二次世界大戦後のスウェーデン社会において追及され、実践されてきた教育の役割とは何であったのか？また、教育の役割は時代とともにどのように変化を遂げてきたのであろうか？先ずは、社会と教育の関係の主な内容を歴史的にひも解いてみたい。

（2）「国民の家」の本格的建設期：民主主義社会を支える市民育成

　第二次世界大戦後のスウェーデンの重要な政治課題は、民主主義に立脚した新しい社会の建設であった。1932年に政権をとったスウェーデン社会民主党が目指したのは、国家が「良き父親」として人々のニーズを包括的に調整し、階級闘争ではなく協調の精神によって階級格差を縮小し、国民全員が安心して暮らせる平等で自由な「国民の家」を建設することであった（Isaksson, 1996）。

「国民の家」において、教育は社会変革のための重要な手段として位置付けられ、教育に与えられた使命は、民主主義社会を支える民主主義的市民の育成であった。教育が育成すべき理想的な市民とは、盲目的に国家権力に従う市民ではなく、批判的・科学的思考によって自らの意見を形成し、行動する自立・自律した市民であった。スウェーデンという国は当時から既に、客観的に実証された科学的知識を、教育のみならず、社会政策などの政策策定のための基盤として重視してきた。この伝統は今も変わらない。

　学校調査委員会の報告書（SOU 1946:31）は、教育者の役割とは民主主義の前提をなす客観的な知識の重要性を説き、理解させることだと述べている。さらに、調査委員会は、民主主義教育はいかなる政治的思想や教義に偏らない公平性と、科学的な根拠に基づくべきであることを重視している。このようにして、1940年代の教育が理想としたのは科学的・中庸的な視座であった。調査委員会の考え方は、第二次世界大戦後の教育基本方針の基礎形成に大きな影響を与え、「スウェーデン・モデル」の教育政策の道標となった。

　第二次世界大戦後の学校教育の基本方針に関する提言を行ったのが、1946年に設置された学校専門委員会であった。委員会はその報告書（SOU 1948:27）において、学校の最も重要な役割は、若い世代を自立・自律した民主主義的市民として育成することだと述べている。スウェーデン民主主義は、国民運動や政党活動に参加するだけではなく、日常生活の形成における積極的参加を重要視する。個々人が批判的思考を培い、自らの自由な意見形成を行うことができる教育が求められた。個と集団の関係は必ずしも肯定的にとらえられるとは限らないが、スウェーデン社会においては、個の自立・自律と共同体の結束力（国民連帯）は相反するものではなく、個の自立・自律によって共同体は強くなるという、融合的・相乗効果的なとらえ方がなされてきた。

　したがって、理想的な市民の姿勢として求められたのが、自立・自律した個であるとともに「国民の家」の積極的な共同建設者であった。すなわち、「国民の家」の価値基盤を共有するとともに批判的な視座をもち、行動できる個人であった（Dahlstedt & Olson, 2016）。教育する側にとっての難しさは、一見相反する個の自立・自律と、共同体としての協調・合意に基づく政治文化を実践することであったが、個人の批判的思考と国全体の価値基盤の共有の両立を図ることができる、アリストテレス的「中庸」の考え方を重視することによって可能であると考えられた。

第二次世界大戦による深刻な影響をそれほど受けなかったスウェーデン社会の経済条件は、他の国に比べて恵まれていたといえる。この時期、教育に求められたさらなる緊急課題は、戦後の経済発展を促すために労働市場の要求とニーズに応え、労働モラル、責任感、適応性のある労働力の再生産であった。1940年代全体を通して議論されたのが、労働市場が必要とする熟練労働力を育成するための職業教育の向上であった。

（3）「スウェーデン・モデル」の拡張期：教育の不平等の縮小と同等・同値の教育保障

　1940年代から1950年代にかけては、民主主義を価値基盤に据えた「国民の家」の建設がさらに促進させられた時代であった。1960年代、世界の先進諸国は高度経済成長期を迎えたが、スウェーデン経済も史上かつてない速度で経済成長を遂げた。国内総生産も倍増以上の成長率を達成し、それに伴って国民の消費力も高揚し、公共部門における事業も大きく拡張された。経済成長期の重要な課題は、経済発展が必要とする熟練労働力の確保であり、労働力不足を解決するための職業教育や再教育の拡充に力が注がれた。経済的、科学・技術的効果の向上を図るために、コミューン（基礎自治体）による成人教育制度が導入され、拡充されていった。さらに、国民間の教育における不平等や不公平を縮小するために、多様な成人学習組織による夜間コースや、国民高等学校の教育事業も拡張された時期でもあった（Regeringens proposition 1963:36）。

　この時代は、経済的発展だけではなく、「スウェーデン・モデル」の拡張期でもあった。教育は、引き続き福祉国家の主柱をなす民主主義の定着を図る漸進的手段として位置づけられた。経済発展を重要な前提とする福祉国家の発展にとって必要となったのが、女性労働力の活用であった。国にとって、女性の労働市場進出を最大限に図るために、就労と子どもの養育の両立が重要な課題となり、国庫助成による保育サービスが拡充され、就学前児童に対する事業が制度化されていった。

　高等学校教育の改革も進められ、1968年には普通教育と職業教育の統合が行われた。また、義務教育は9年間の基礎学校として整備され、「国民の家」が重視する平等社会の強化に向けて、生徒に対する平等な処遇と教育の質保証を目的とする基礎学校ナショナルカリキュラム（Lgr62）が導入された。中でも重視されたのが、すべての子どもに対して同等・同値の教育（同じ水準の同じ

価値をもつ教育）を保障することであった。

当時の教育の主な役割は、民主主義に根ざした社会建設の発展を支えることであったが、1960年代に入ると同時に個人の選択の可能性にも目が向けられていった。1969年に改訂された基礎学校ナショナルカリキュラム（Lgr69）は、学校は生徒に対して、生徒が将来自らの労働条件に影響を与えることができる可能性を準備する責務を負うと明記している。福祉国家建設を支える重要な柱が教育であることには変わりないが、1960年代に入ると、社会・共同体と個人のバランスを図る試みが新たに展開されていったといえる。理想的な市民は自己実現を図ることができる自立・自律した市民であり、国民の自立・自律が「強い社会」としての共同体を支える上でも重要な前提であると考えられた。

同等・同値という概念は、1970年代後半の学校政策において注目され、重視されていった。1980年の基礎学校ナショナルカリキュラムの改訂に向けた議案書が意味する同等・同値の教育とは、知識水準や価値基盤を共有する一元的教育を意味し、中でも社会経済的に恵まれないグループや学習が困難である生徒たちを配慮することが、同等・同値の教育理念を達成するうえで重要だと指摘している（Regeringens proposition 1978/79:180）。当時の同等・同値の概念が意味していたことは、学校は社会を発展させる基盤的存在であり、学校の主な責務は国民グループ間の社会的不平等を縮小し、平等を拡大することであった（Englund & Quennerstedt, 2014）。1980年の基礎学校ナショナルカリキュラムは、同等・同値の教育について、すべての生徒に同じ機会と可能性を提供する重要性を述べている。

「すべての生徒が、性別、居住地、社会的・経済的条件に左右されることなく、基礎学校の教育を平等に享受できる機会を得られなければならない。学校執行委員会は、学級や作業グループを通常の社会構成が反映されるように編成すべきである。基礎学校における科目や余暇活動の選択とは関係なく、すべての生徒が高等学校に進学できる可能性を等しく得られなければならない。多様な少数民族グループに属する児童青少年に対して、学校は特別の責務を負う。ゆえに、学校はすべての生徒に対して量的・資源的に同量の援助を提供することはできない。多様な理由により困難な状況に置かれている生徒に対しては、学校は他の機関との連携によって、特別に支援しなければならな

い」(Lgr80, p.14)

（4）新しい時代のニーズに応えるための教育制度の見直し

　1970年から1980年代の前半にかけて、二度にわたって襲ったオイル・ショック（石油危機）は、先進資本主義国を経済的停滞に陥れた。それまでの高度経済成長には終止符が打たれ、失業問題やインフレーションを深刻化させた。一部の国はスタグフレーションを引き起こし、インフレ抑制を目的とした金融・財政政策が、さらに経済の停滞を深刻化させる状況を生み出していった。ケインズ主義に基づく管理する国家としての戦後の福祉国家体制が批判され、市場重視のイデオロギーとともに先進諸国において「大きな政府」から「小さな政府」への転換が、多少の差こそあれ進められていった時期でもあった。スウェーデンにおいては、1976年保守連合政権が長く続いた社会民主党政権にとって代わったが、政策的に根源的な点で大きな変化がもたらされたわけではなかった。それでも、1980年代から「スウェーデン・モデル」が批判され始め、福祉国家としての新たな改革が求められていった。ただし、本格的な改革が押し進められたのは1990年代に入ってからのことであった。

　1985年に設置された権力調査委員会の任務は、スウェーデン民主主義の存立条件、自らの生活条件に与えることのできる国民の影響力、スウェーデンの将来を左右する権力諸要因について調査し、知見を広げ、認識を深めることにあった。調査委員会は、その報告書『スウェーデンにおける民主主義と権力』（SOU 1990:44）において、従来の「スウェーデン・モデル」は頂点に達したとし、政治的危機に直面していることを指摘した。

　1980年代以降の個人主義の支配的浸透に対する反動として登場したのが、社会貢献や共同体の最善に対する市民の義務を主張するコミュニタリズムであった。たとえば、アメリカのクリントン大統領の新民主主義や、イギリスの社会学者ギデンスとブレア首相が提唱した新しい労働党・第三の道などに影響を与えた。

　第三の道は「義務なくして権利なし」を提唱したが、スウェーデンにおいても権利と義務、個人と共同体の関係を再構築する必要性が、1991年の政権交代によって誕生した穏健党主導の連立政権によって説かれた。経済危機の打開策とともに、「スウェーデン・モデル」の軌道修正の加速化が図られたといえる。経済成長が福祉国家発展の前提に据えられる「スウェーデン・モデル」にとっ

て、経済危機はまさしく福祉国家の危機を意味するものであった。戦後の高度経済成長期（大量生産的工業社会）において発展させられたケインズ主義的福祉国家は、グローバル化や個別化など脱工業社会に対する適応を迫られることになった。

　1992年に設置された経済委員会は、『経済と政治の新しい条件』（SOU 1993:16）という報告書において、経済危機は必然的に民主主義の危機をもたらすことを警告した。能動的な市民、社会的多元主義とサブシステム間の明確な責任分担を提言し、柔軟な福祉システムの必要性を説いている。「競争」、「選択の自由」、「効率」などが合言葉（キーワード）となり、選択の自由と個人の自己決定を強化することによって、国家介入の縮小と国家の役割の再定義が求められていった。「スウェーデン・モデル」の枠内においてではあったが、「大きな政府」から「小さな政府・大きな市場」への転換が試みられたといえる。一部のコミューンにおいて、高齢者ケアなどの社会サービス分野に疑似市場化（発注・請負・購入・顧客選択モデル）が導入されたことがその一例である。1990年代の一連の福祉国家改革の出発点に据えられたのは、何よりも個人主義志向的社会観であった。

　グローバル化の進行とともに、スウェーデンの欧州連合への加入（1995年）をきっかけとして、以前にも増して国際的な適応が求められるようになった。国内外の新たな展開によって、教育政策においても新しい状況に適応できる教育制度の再構築化が必至となった。まずは、市場化と分権化が新しいモデル構築の基本戦略として登場した。分権化促進の一例が、国からコミューンへの高等学校までの運営責任の移譲であった。さらに公共の学校を補完する教育内容を提供できるのであれば、自由学校として認可するという自由学校改革が実施された。この改革に伴って、子どもや親の自由な学校選択を可能にするために、バウチャー的な「学校教育費」が各子どもに給付される制度に切り替えられた。「競争」も改革を推し進めた重要な概念であったが、教育における競争は経済的効率を高めるだけではなく、質の向上や教育の供給の増大をもたらすために必要だととらえられた。さらに、競争によって、職員や親を始めとして多様な次元で教育システムに関わる人たちの創造性の自由を拡大させることができると考えられた（Regeringens proposition 1992/93:100）。教育現場における市場原理の導入によって、個々人の知識や技術の習得の促進を図ることができるという市場経済的、選択の自由志向的論理が支配的になっていったといえる。

「スウェーデン・モデル」の見直しは、教育分野にも影響を及ぼし、1991 年の政権交代は、1960 年代の教育モデルを改めて問い直す、教育政策のシステム転換の開始であったと指摘される（Englund, 1995）。1990 年代の教育政策の変化を特徴付けるとすれば、競争力、起業家精神、選択の自由、同等・同値、分権化を重視する市場志向の高揚であった。同等・同値という概念理解は、1980 年代に入ると平等と類似的な伝統的解釈が疑問視されるようになり、新たな概念解釈が導入されていった（Englund & Quennerstedt, 2014）。同等・同値教育は、内容的に文字通り均等に同じであるべきではなく、教育内容や方法は生徒の関心によって決められるべきだという、個別化（個人主義化）を重視する解釈であった。教育の主な目的は、生徒が自分の潜在的可能性を発見し、自己資源を発展させることであった（SOU 1990:14）。教育の目的を将来の民主主義社会の市民育成に求め、不平等を縮小し、市民相互間の尊敬をより強化するために、同等・同値である教育をすべての生徒に提供する必要があるという、従来の伝統的な平等に関する考え方の妥当性を問うものであった。

（5）生徒参画を重視する学校運営改革：理念としての民主主義から実践する民主主義へ

ヨーロッパ最高の学府を目指して、1991 年に新しいナショナルカリキュラムの検討を目的としたナショナルカリキュラム委員会が設置された。教育による市民育成の課題として経済的側面、労働市場ニーズの充足を重視し、ヨーロッパを中心とした急速な国際的変化に応え、新しい状況への変化に適応できる市民と国のあり方を検討するものであった（SOU 1992:94）。義務教育、就学前クラス、余暇活動センター・学童保育を包括した基礎学校ナショナルカリキュラム（Lpo94）の改訂に続いて、1998 年には就学前学校独自のナショナルカリキュラム（Lpfö98）が導入される画期的な改革が行われた。

1940 〜 1960 年代に基礎を形成した民主主義的市民育成は、依然として教育の中心的な役割として位置付けられるものであったが、共同体的視座から個人重視への市民育成における視座の転換と、市民育成に対する学校の役割の変化が見られる（Englund, 2005）。民主主義的市民育成について、義務教育、就学前クラス、余暇活動センター・学童保育を包括した1994年のナショナルカリキュラムは、影響を与え、責任をとり、参加するという民主主義の実践はすべての子どもに求められるべきものだとし、学校教育が民主主義的原則に基づいて実

施されるべきだと説いている。以下に記述される基本的価値は、ナショナルカ
リキュラムの「価値基盤」として、1990年代に導入された新たな概念であった
（SOU 1992:94）。それ以降のナショナルカリキュラムにも、民主主義のための
市民の育成理念として書き込まれることとなった。

　　「学校は、生徒たちに私たちの社会生活が出発点とする基本的な価値を教
　え伝え、浸透させる重要な責務を負う。人間の命の不可侵性、個人の自由と
　人格の高潔性、すべての人の対等な価値、男女間の平等、弱者や疎外され
　た人たちとの連帯、これらが、学校が継承し伝授すべき基本的価値である」
　（Lpo94, p.1）

　民主主義的原則に基づいて学校事業を運営する目的は、生徒の将来の社会形
成への積極的参加を準備することにあった。新しい時代の学校に求められたの
は、民主主義を理念や知識として教えることだけではなく、より複雑化した社
会において、能動的な社会構成員として社会形成に参加できるよう、批判的で
主体的な姿勢を身につけさせることであった。目的を達成するには、学校生活
における民主主義の実践が必要であるという考え方であった（SOU 1997:121）。
学校運営に生徒や親の参加が重要であることを明確に打ち出したのも、新しい
時代の学校の役割が追求された1990年代であった。学校における親の参加を
重視するのは、親こそが子どもに関する最強の知識をもつ重要な教育資源であ
るにもかかわらず、それらの知識が今まで十分に活用されてこなかったという
反省によるものであった。また個別的な観点からも、生徒が多様な選択の可能
性を検討し、見極め、自分の将来を左右する事柄に対して、主体的な見解を形
成できるように、十分な知識と経験を確保できるように育成することが、学校
の責務として求められた。生徒が授業内容や活動形態を選択することは、自ら
の人生に影響を及ぼす可能性を見極める訓練になると考えられた。

　　「授業は、民主主義的運営によって行われるべきであり、生徒たちの社会
　生活への積極的参加を可能にするための準備を目的とする。授業は、生徒た
　ちが自らの責任を全うできる力を発展させることができるように運営されな
　ければならない。生徒たちは、日常の授業の計画や評価に参加し、コースや
　科目、テーマ、活動を選択することを通して、（学校運営に）影響を与え責

任を果たす力を発展させることができるようになる」（Lpo94, p.2）

　さらに、多文化社会における市民育成も学校の重要な責務とみなされた。文化的多様性は、民主主義の中核的な価値として位置付けられる。多文化社会スウェーデンにおける教育の役割は、伝統的な文化遺産を継承することであると同時に、異文化に対する理解と尊重を基盤とする多文化共生社会を形成することであった（SOU 1997:121）。

　新しい時代のスウェーデンが期待する市民像とは、自ら選択し、責任を果たし、柔軟に対応でき、積極的であり、意欲的であり、迅速であり、対話のできる自立・自律した個人であった（Lpo94）。そういう意味では、1990年代の教育は共同体としての「国民の家」建設プロジェクトというよりも、個人に焦点を据えた個人育成プロジェクトであった。

　　「学校は、すべての生徒が自分の学習に対して最大の責任を負うことができ、自分の学習結果を評価し、自分の学習成果や学習条件に関して、自分や他者の評価を関連付けて考察できる能力を発展させることができるように、努めるべきである」（Lpo94, p.7）

（6）知識社会への移行に備える生涯学習システムの構築

　新しい世紀への突入とともに、知識社会への移行とグローバル社会における競争力を強化するために、他の先進国と同様にスウェーデンにおいても、社会政策よりも経済政策が優先されていった。国内では通常「就労ライン」とも呼ばれる完全雇用政策は、社会民主党の「国民の家」・「スウェーデン・モデル」の発展を支える重要な概念及び政治目標をなしてきた。2006年政権を得た保守連立政権も「就労ライン」を重視したが、保守連立政権にとっては、労働は権利としてのみだけではなく、ワークフェア（workfare）的な意味合いを含む義務として位置付けられるものであった点が異なる（"workfare" とは "work" と "welfare" を組み合わせた造語で、社会保障給付の条件として就労を義務付けることを意味する）。

　世界の多くの先進国において、多文化主義・民族多元主義は次第に政治的課題として重要な位置を占めるようになった。文化の多様性は、将来の経済発展や一定の人口（労働力再生産）の確保という観点から重大視されたが、新保守

主義の高揚により、国家主義的思想への傾斜傾向も一部では顕著になりつつあった。2001年の9・11を境に、「テロとの戦い」が先進諸国の政治的スローガンとして掲げられ、多文化主義に対して距離を置く先進国が多くなり、大衆迎合主義を支持する力が強まっていった。反面、社会的排除が民主主義の敵としてみなされ、社会的包摂は欧州連合を始めとして多くのヨーロッパ先進諸国において、重要な政治課題に据えられた。社会的排除とは、失業や貧困だけではなく、文化的対立、能力格差から生じる無力感、孤立感、自己および他者に対する不信感なども含めて称されるようになった。

　2000年代に入ると、スウェーデンにおける新たな民主主義の危機が各方面から指摘されるようになった。民主主義調査委員会の調査結果に基づいた『新しい世紀のための民主主義』に関する政府議案書（Regeringens proposition 2001/02:80）は、民主主義的認識を深める教育の改善が必要であると指摘し、特に児童青少年たちの認識に民主主義を根付かせるための方法を発展させることが重視されるべきだと述べている。学校局（Skolverket：スウェーデン教育省下の学校教育に関する中央行政機関）も報告書において民主主義の危機を憂慮している。

　　「国民運動の国スウェーデンの市民組織への結集率は低下する傾向にあり、大きな会員組織である政党の影響力も弱くなりつつある。失業率の上昇は、職場において伝統的に行われてきた民主主義教育を享受できない集団を増大させた。学校は、規範と価値の再生産のための場所として、今までになく重要な意味をもつことが明らかである」（Skolverket 2001, p.45）

教育政策において「価値基盤」という概念は引き続き中心に据えられ、民主主義的精神を発展させ、定着させることが重んじられた。2000年代初めスウェーデン政治に大きな影響を与えたのが、熟議民主主義（熟議を重んじる民主主義）的理解であり、民主主義はより多くの人々が包摂され、幅広い参加と透明な条件の下での対話を通して育まれ、発展させられるという考え方であった（Fejes & Dahlstedt, 2012）。

　先進諸国の教育の役割が根源的に問い直された理由は、知識社会への移行に伴い社会が必要とする質の高い労働力を充足できるシステムへの改革の必要性であった。スウェーデン社会民主主義にとっても、「知識向上」は1990年代の

不況時に生み出された長期失業者の技能を向上させるために、重要な改革として位置付けられた。社会権保障により人間性を解放し、労働力としての生産性を高めるという点では、従来の「スウェーデン・モデル」が志向した「強い社会」の復活（ルネサンス）でもあった。イギリスの新しい労働党・第三の道が重視したのは、知識社会における技能競争であったが、スウェーデン社会民主主義は、労働力の人間資本投資政策としてすべての国民の知識向上を重視した。人間を資本としてみなす人間資本主義は、労働力の総合的な知識と学習能力の向上と同時に、個人の好奇心、創造性、変革能力を意味し、前提とするものでもあった。知識を経済資源としてとらえれば、市場はみずから教育制度などの社会基盤に対して投資する意思はもたないために、知識投資に対する中心的な役割を果たさなければならないのは国家であった。

　欧州連合において、ヨーロッパ社会の将来を巡る議論の重要な課題として登場したのが、知識社会に向けての「生涯にわたる学び」（生涯学習システム）の必要性であった（EU-kommissionens avdelningar, 2000）。個人にとっても社会にとっても、「生涯にわたる学び」は必要となる。スウェーデンの学校局は、現代社会を生きる人々の生存条件として、もはや生涯にわたらない学びはありえなく、社会の至る所で促進されるべきものだと指摘している（Skolverket, 2001）。「生涯にわたる学び」を必要とするのは、就学前学校の子どもから成人教育における成人に至るすべての国民であった。しかし、「生涯にわたる学び」を上からコントロールすることは不可能であるとし、個人や企業、公的機関が教育や学習に投資ができるように、前提条件を創出し、誘発することが国家の役割として求められるとした。焦点に据えられたのは、学びの主体としての個人であった。国家の役割は、国民のコントロールではなく、国民個々人に学びの主体としての責任を委ね、学びの機会と可能性を保障するという人間資本投資であり、社会のための投資であった。学びの奨励には、投資国家としての市場経済的な視座への移行がうかがえ、「生涯にわたる学び」は市民の権利というよりは、市民の義務として位置付けられる意味合いを含むものでもあった。理想の市民とは、教育と学びに対する明確な動機をもち、肯定的な態度を維持できる存在として位置付けられている。

　労働市場のニーズに応えるべく、高等学校教育と就労現場の関係を見直し、労働市場の影響力をより教育に反映するために、高等学校教育の改革が行われた（SOU 2008:27）。その結果、進学教育と職業教育の二分化が再び強化される

ことになった。当時の保守連立政権は、教育に対する国家責任を拡大し、全国共通試験、基礎学校低学年に対する成績評価の導入、教員資格の厳格化を図り、2010年には国による学校監査を復帰させる学校法の改正を行った。すなわち、1990年に施行された学校分野における分権化を是正する中央集権化が行われたといえる。

　脱工業社会が進行する新たな時代における教育の役割と課題は、強力な競争力の確保を必要とする労働市場のニーズを充足できる知識水準の全国的向上であった。知識社会が必要とする民主主義的起業家の育成が、教育システムの基軸に据えられ、具体性を欠くとはいえ、起業家精神の重要性が2011年の新しいナショナルカリキュラムにも組み込まれた。1994年のナショナルカリキュラムと比較すると、新ナショナルカリキュラムは生徒が教育を通してより発展させるべき資質として、これからの時代が求める創造性、好奇心、自尊感情、新しいアイデアや問題解決を志向する強固な意志だと述べている(Lgr11)。ナショナルカリキュラムに起業家精神を組み入れたことは、市場原理を教育においても導入すること（市場原理の通常化）によって、教育の市場への適応と接近がより図られたといえる。

2 就学前児童教育と保育サービスの歴史的展開

（1）はじめに

　スウェーデンの就学前学校に対する国際的評価は高い。国内においても、しばしば行われる多様な公的機関に関する国民の満足度に関する調査では、就学前学校はいつも高い評価を得る機関の一つである。国内外において高い評価を得る就学前学校は、今日に至るまでどのように発展させられてきたのであろうか？

　他の多くのヨーロッパ諸国と同様に、スウェーデンの就学前児童事業は、1800年代末から1900年代初めにかけて押し寄せた産業化、都市化、民主化の波とともに発展させられた。しかし、就学前教育と保育サービスの組織化や構造は、国によって異なる。スウェーデンの特徴は、就学前教育及び保育政策を孤立した政策としてではなく、時代時代の政治課題に応えるために、貧困対策、人口危機対策、家族政策、労働市場政策、男女平等政策、教育政策などと連動して発展させられてきたことにある（Gunnarsson, Martin Korpi &

Nordenstam, 1999)。

　既に述べたように、社会における教育の役割は、社会の発展に促される新た
な国家のニーズによって大きく変化させられる。近年先進諸国が直面してきた
重要な課題は、グローバリゼーションの進行、知識社会や多文化社会への移行
によって、複雑化した社会に対応できるように、個人や社会が必要とする知識
向上のための教育制度の再編成であった。先進諸国共通の近年の動向として指
摘されるのが、女性就労の増大に伴う保育サービスの必要性の増大、就学前教
育の若年化、幼児教育の水準の均等化、保育サービスの財政的効率化などを図
るための幼保一元化である。

　OECD（経済協力開発機構）の教育政策委員会は、女性の労働市場進出を可
能にし、幼児期からアクセスが可能な生涯学習システムの構築を促進させ、事
業の質向上を図るために、幼児教育及び保育政策に関する調査を 1998 年から
開始し、質向上に関する報告書を発表してきた（OECD, 2001, 2006, 2011, 2015
& 2017）。スウェーデンは最初の調査から参加してきたが、同時に長年検討を
重ねてきた就学前学校（保育サービスと 6 歳児就学前教育）、基礎学校（9 年
間の義務教育）、余暇活動センター・学童保育（12 歳まで）の総合的統合を進め、
2017 年には就学年齢の 7 歳から 6 歳への移行を国会で可決した。就学前学校改
革と呼ばれるこの総合的統合は、一挙に実施されたわけではなく、以下のよう
に段階的に進められたものであった。

● 6 歳児半日就学前教育の制度化（1975 年）
● 余暇活動センター・学童保育と基礎学校の統合（1991 年）
● 柔軟な就学開始制度（1991 年）
● 6 歳児半日就学前教育を就学前クラスとして基礎学校に統合（1991 年）
● 就学前学校にナショナルカリキュラムを導入（1998 年）
● 就学前学校、基礎学校、余暇活動センター・学童保育の総合的統合（1998 年）
● 就学年齢の早期化（7 歳から 6 歳へ）（2017 年国会決定）

　1998 年に、就学前から学びをという生涯学習システムの構築を目的に、就学
前学校にナショナルカリキュラム（Lpfö98）が導入され、管轄が社会サービス
法（社会省）から学校法（教育省）へ移行された。歴史的にも画期的な就学前
学校改革であった。改革から 10 年後の 2008 年、学校局は大々的な評価を行い、

改革は成功であったと結論付けている（Skolverket, 2008）。その後、就学前学校ナショナルカリキュラムが見直され、2016年に改訂された（詳細は、後述）。

　スウェーデンの就学前学校は、OECDやEUから教育とケアを統合する"EDUCARE"・モデルと呼ばれ、アクセスの良さ、包括性・普遍性・平等性、サービスの質の高さが評価されてきた（Martin Korpi, 2006; OECD, 2001; Skolverket, 2008）。今日の就学前学校を理解するには、就学前児童の教育と保育の統合にとどまらず、就学前学校、基礎学校、余暇活動センター・学童保育の統合を実施してきた一連の就学前学校改革とその政策視座を歴史的に展望する必要がある。

（2）全日制保育所優先への歴史的過程
貧困対策・人口危機対策

　スウェーデンの就学前児童事業が発展させられた背景には、農業社会から産業社会への移行によって生み出された、ケアや養育などの労働力再生産の危機があった（Tallberg Broman, 1995）。農業社会の家族は、生産主体であるとともに消費主体でもあった。しかし、賃金労働の台頭により労働力の都市移動が始まると、稼得者と親族や家族との距離が遠ざけられ、家庭と労働の場が分離させられていった。当時の都市の女性の多くが一人親であったために貧困状態に陥り、養育・教育ニーズを増大させた子どもの存在は社会の不安や問題を生み出す要因としてみなされた。

　イエス・キリストの「飼い葉桶」（krubba）にちなんで名づけられた「託児所」（barnkrubba）は、ヨーロッパでは最初フランスのパリで1844年に開所され、スウェーデンでは1854年にストックホルムで開所されている。1943年のスウェーデンの国会決定によって、託児所は原語でいうところの「昼間の家」（daghem）に改名され、保育所として発展させられていった。入所のためにニーズ認定が必要とされた託児所の目的は、母子世帯の扶養に必要な母親就労を可能にするための貧困対策と、家庭に残された子どもの養育とコントロールによる社会秩序の維持にあった（Hatje, 1995）。託児所によって、コミューンは貧困世帯の児童の施設入所や、里親養育などの保護的措置をとらずにすんだため、救貧事業の一環として託児所に対して助成金による財政支援を行った。現在「余暇の家」・「余暇活動センター」（fritidshem）と訳される学童保育所の前身は、直訳すると「仕事小屋」（arbetsstuga）と呼ばれ、仕事を通

して養育するという考え方により、共働き貧困世帯の就学児童を対象として、1887年にストックホルムで開所されている（Skolverket, 2011）。

　もう一つの系譜は、ドイツの幼児教育者グスタフ・フローベルの影響を受けて、1800年代末（ストックホルム1896年）に開所された国民幼稚園（folkbarnträdgården）であった。託児所がその後改名されたように、国民幼稚園も1943年に「遊戯学校」（lekskola）に名称が変更され、就学前児童教育の場として発展させられていった（Hatje, 1995）。当時、教育は大きな社会問題を解決する政策であった。すなわち、教育は社会格差や社会的不安を軽減し、国民の知識水準の向上や社会の民主化を進め、より良い社会を創り出す重要な改革手段として位置づけられた（Tallberg Broman, 1995）。養育施設にとって、母親たちは子どもを介して将来の社会形成に影響を与えることのできる重要なグループであった。

　社会の階級間や階層間の調和と社会の秩序の維持を目標に据えた当時の自由主義・博愛主義者たちは、家庭を調和と安心のある場所として重視し、産業化、住宅不足などの都市問題、婚外出産や離婚などによって、子どもたちが家庭から疎外されている状況を問題視した。その結果、子どもの養育が困難になった貧困世帯を対象として、健全な発達環境の保障や、親の就労などによって家庭での就学準備教育を受けられない児童のために、社会的支援として就学前教育施設「小さな学校」（småskola）が開設されることになった（SOU 1997:21）。当時の一般世論は、幼児教育の場としての国民幼稚園には肯定的であったが、低所得階層に対する貧困対策のための保育所に対しては否定的であった。

　1930年代に入ると、貧困対策に加えて児童青少年の発達条件の不平等の縮小を目的とした、社会政策的・教育政策的視座が主軸に据えられるようになった（Antman, 1996）。その主導的存在が、社会教育学的・人口危機対策的・家族政策的観点から、養育プログラムや保育所の必要性を説いたアルヴァ・ミュルダールであった（Myrdal, 1935）。社会学や心理学だけではなく、幼児教育学にも通じたアルヴァ・ミュルダールは、当時の就学前学校において支配的であったフローベル教育法に対して批判的な見解をもち、心理学、教育学、実用的なケアを内容とする就学前児童のための2年間の社会教育セミナーを開設し、幼児教育のための新しい教員養成を試みた（Tallberg Broman, 1995）。また、低い出生率に対する人口の危機対策のために設置された人口委員会は、幼児の養育と教育のための国庫補助金を提案するなど、児童・女性優遇政策を打ち出した（Myrdal & Myrdal, 1935）。就学前児童事業に対する国庫補助金の交付は1944

年から開始された。

労働市場政策と家族政策

　1950 年代の高度経済成長期には、保育政策は福祉国家が必要とした女性労働力の確保のための労働市場政策として重視された。1951 年の保育事業委員会の報告書『保育所と就学前学校』(SOU 1951:15) は 600 ページを超えるものであり、保育サービスに関する国家の関心の高さがうかがえる。家庭崩壊、子どもの健康破壊、財政的負担を問題視した当時の保育所批判に対して、報告書は子どもを社会建設の中心的存在として位置付け、親の就労と子育ての両立を可能とする家族支援対策として、保育サービスの必要性と重要性を説くものであった。

　1960 年代に入ると、政府は保育所建設のための国庫補助金を大幅に増やしたが、半日制の遊戯学校よりも、親の就労支援のための全日制保育を優先した。家族委員会が報告書 (SOU 1967:8) において、保育事業を拡張する必要性は労働市場政策的観点に依拠すると指摘するように、女性の労働進出を促進する労働市場政策は、福祉国家の経済発展にとって極めて重要であった（Antman, 1996)。

　同時に、家族政策的観点からも、有子家庭への経済的支援と育児・保育サービスの拡充が重要視された。保育事業や学校と家庭との連携や、調和のとれた子どもの総合的発達が学校や社会への適応を図る上で重要であることが指摘された (Tallberg Broman, 1995)。また当時の教育政策の重要な課題は、すべての子どもが、居住地、親の経済的条件や家庭環境にかかわらず、学校教育を平等に享受できることを目的とした教育の民主化であった。1968 年に設置された保育所調査委員会に与えられた指令においても、この民主化のプロセスに就学時の子どもの生活条件も包括することが求められたように、保育所の拡張は不平等縮小という平等政策の重要な一環をなした (SOU 1972:26 & 27)。

　保育所への入所ニーズが高揚したのは、共働き家族が一般化し始めた 1970 年代初めであった。1970 年代後半になると、政府は大幅な保育所拡張目標（10 万人入所）達成のための 5 カ年計画（1977 ～ 1981 年）を立ち上げ、保育サービスをすべての有子世帯のための普遍的サービスとして位置付けた (SOU 1997:21)。1970 年代後半から 1980 年代初期にかけての保育所拡張は、この時期のスウェーデンの重要な政治課題の一つであった。1985 年、政府は議案書『すべての子どものための就学前学校』(Regeringens proposition 1984/85:209) に

おいて、1991 年までの拡張目標達成をコミューンに義務付けた。目標がほぼ達成された 1995 年には、1 〜 12 歳児に対する入所保障（学童保育を含む）がコミューンに義務付けられることになった。

　保育所拡張政策は、国およびコミューンにとって、すべての成人の就労権利の保障・完全雇用政策を達成する上で、1970 年代から本格的に促進させられた男女平等政策の重要な手段として位置付けられるものでもあった。

3 就学前学校改革の段階的実施

（1） 6歳児就学前教育の制度化

　就学前学校事業として、保育サービスと幼児教育の統合を図るための基盤整備を行ったのが、1968 年に設置された保育所調査委員会の 1000 ページに及ぶ膨大な最終報告書であった（SOU 1972:26 & 27）。委員会の提案を基に、1975 年最初の就学前学校法が施行され、任意制ではあるが、6 歳児の年間 525 時間の無償就学前教育の権利が確立された。さらに重視されたのが、障害などによる特別な支援ニーズのある児童の入所優先であった。就学前学校の目的として、就学前児童の発達条件の不平等を縮小し、すべての児童の健全な発達を保障するという社会政策的視座が前面に打ち出された。障害の概念を環境との関係における相対的なものとしてとらえ、誰もが不自由なく暮らせる共生社会づくりを、国家の責務として位置付ける障害者政策の本格的な促進とも重なるものであった。委員会は、社会的孤立にさらされやすくなった現代家族を補完する存在として、子どもの発達を見守る就学前学校の役割を重視した。

　保育所調査委員会が提案した不平等縮小対策の一例が、開所時間がブルーカラー系労働者の親の就労時間に適応していなかったために、これらのグループの保育所利用率が低かったことから、導入した開所時間延長のための特別補助金であった。また、保育料金の親負担に関しても、不平等縮小の観点から「低所得世帯を排除しない料金設定」という所得再分配原則が適用された。

　スウェーデンの就学前児童のための事業の特徴を歴史的に振り返ると、保育所（全日制）、パートタイム・グループ（4 〜 6 歳児のための 1 日 3 時間の幼児教育、元遊戯学校）、家庭保育所（保育ママ）、公開保育所（失業などにより家庭に留まる親と子どもを対象）という多様なニーズに応じた多様な供給形態を創出してきたことが明らかである。保育所とパートタイム・グループの異な

る伝統を就学前児童事業として統一するために、「就学前学校」という概念が先述した保育所調査委員会によって1972年に導入された。

　委員会は同時に、就学前児童保育と同様に、学童保育所の機能をもつ余暇活動センター（詳細後述）、家庭学童保育所、公開学童保育所などの多様な形態によって組織化されてきた学童保育サービス（12歳以下の就学児童）を拡充する提案も行った。2017年の国会可決によって2018年に6歳就学が義務化されたが、スウェーデンの就学前学校事業の3原則：①すべての6歳児に対する半日就学前教育の保障（年間525時間無償）、②障害のある子どものサービス利用優先、③就労・就学する親を持つ子ども全員の利用保障は、1972年当時に既に確立されていたといえる（Regeringens proposition 1975/76:92）。

（2）余暇活動センター・学童保育と基礎学校の統合

　ヨーロッパの多くの国の学童保育は、学校による部分的対応が一般的な形態であり、スウェーデンや他の北欧諸国のように、広範囲にわたる余暇活動が専門職（レクリエーション指導士）によって提供されるものは少ない（SOU 1997:21）。保育士だけによる学童のための保育所ではないため、スウェーデン語では学童保育所と呼ばず、「余暇の家」あるいは英語では余暇活動センター（fritidshem, 英語名 recreation center）と呼ばれる（以下、必要に応じ文脈によって用語を使い分ける）。スウェーデンでは1970年代から、一部の余暇活動センターは基礎学校の敷地内に設置されてきたが、事業自体は学校とは別に独立して組織化され、運営されてきた。

　経済的・教育学的観点から、学童保育の機能を担う余暇活動センターと基礎学校の統合を重要視したのは、1970年に設置された学校事業調査委員会であった（SOU 1974:53）。委員会の報告書は、学童保育文化による基礎学校教育の補完の重要性と、資源の合理的利用を統合の目的に据え、子どもの1日の生活時間を分断しないように、基礎学校は総合的な責任を負うべきであるとして一連の提案を行った。最初の提案は、親の就労や通学バスの待ち時間などによって、長い学校滞在を余儀なくされる低・中学年（日本の小学校に相当する）の子どもたちのケア（保育）の必要性であった。二つ目の提案は、すべての子どもたちの発達保障として、余暇活動を基礎学校に統合させることによって、授業とは異なった形で子どもたちが家庭の社会経済的背景に関係なく、対等な立場で自由に参加できる機会を設けることの重要性であった。三つ目は、補習授業や

基礎的な能力の訓練を受ける機会の改善であった。四つ目は、他者との連携や自己責任に対する社会訓練や、子どもたちの自発的な戸外活動（合宿や自由な創造活動）の保障を、基礎学校の責務として位置づけることであった。五つ目が、子どものニーズに応じて、基礎学校が多様な機能を十分発揮できるようになるためには、教職員の多様な役割が必要だと位置付けたことであった。

　学校事業調査委員会は、低学年児童のケアと余暇活動のニーズを重視したが、その視座はその後基礎学校と余暇活動センター・学童保育の統合に向けて、本格的提案を行った余暇活動センター委員会によって引き継がれた（SOU 1991:54）。余暇活動センター委員会は、統合によって基礎学校が教育とケアの両方の機能を果たすところから、「全日制学校」と名づけた。子どもたちの総合的な発達、絶えず変化する社会に適応できる力、一生にわたる長い学びのための準備を子どもたちに提供するには、教育・ケア・余暇活動事業の連携と相互補完が必要だと述べている。余暇活動の質向上のために、保育士にレクリエーション指導士の養成教育を受ける機会の提供を提案している。

（3）柔軟な就学開始制度

　就学前学校と基礎学校の連携や就学年齢の引き下げは、1940年代から多数の調査委員会によって繰り返し検討されてきた課題であった。たとえば、1940年の学校委員会の6歳からの就学開始提案に対して、就学前学校教員組合は、依然として家庭環境を必要とする6～7歳児にとっては、学校という施設環境は不適切であると反論している（SOU 1997:21）。保育所が「昼間の家」、学童保育所が「午後の家」や「余暇の家」と呼ばれてきたように、家庭的環境は子どもたちの発達にとって欠くことのできないものとして位置付けられてきた。

　就学年齢の引き下げは、スウェーデンだけではなく1980年代末から1990年代にかけて北欧諸国共通の課題であった。北欧諸国の就学年齢が長らく他のヨーロッパ諸国より1年遅い7歳であった主な理由は、哲学者であるが教育学にも影響を与えたルソーやドイツの幼児教育者フローベルなどが提唱した、自由遊びと創造による子どもの総合的発達視座を重視するためであった（SOU 1997:21）。また、スウェーデンではすべての子どもに対する平等な処遇と、各子どもの自己資源（潜在的な能力・成長する力）を前提とした学びと発達の権利が重視されてきた。このような背景から、子どもグループが少人数で構成され、子どもたちの人数に対して職員数の多い就学前学校は、基礎学校よりも幼

い子どもたちが安心して過ごせる環境だと考える親が多く、6歳からの就学を希望する割合は低かった。就学前学校にとっても、教育が必要とする集団力学的観点から、最年長の6歳児は子どもの集団活動において不可欠な存在であった。

1981年に設置された就学前学校－基礎学校委員会が、就学年齢引き下げについて検討したが、委員全員が一致できる結論は得られなかった（SOU 1985:22）。しかし、同時期に就学前学校と基礎学校の統合を目的とした政府提案『すべての子どものための就学前学校』（Regeringens proposition 1984/85:209）は、超党一致の合意によって支持され、可決された（Martin Korpi, 2006）。

1990年秋、政府は経済危機対策として、また6歳就学実施のための第一歩として、「柔軟な就学開始制度」を提案したが、年少児にかかる学校経費は保育所経費よりも安いため、保育経費節約対策として受け止められたことも事実であった（SOU 1997:21）。1985年の6歳就学案が成立しなかった主な理由は、10年制の義務教育は経費の増大を招くというものであったために、今回の提案意図は9年制の義務教育を延長することなく、6歳からの就学の選択を可能にすることによって、経費の節約を図ることにあった。しかし、予想に反して導入年の6歳就学率は1.7%にとどまり、親だけではなく国民一般の間においても、就学前学校や基礎学校に対する関心はさほど高揚しなかった（Martin Korpi, 2006）。柔軟な就学開始制度は廃止されることなく残されたが、その後の6歳児の就学前教育を「就学前クラス」という形で学校に移行したことによって、6歳児の就学率はさらに減少する傾向をもたらした（SOU 1997:21）。2017年の国会可決により、就学前クラスを義務化することによって、6歳就学が初めて導入されることとなった。

（4）就学前クラスの基礎学校への統合

次第に政治議論は、就学年齢の適切性を検討するよりも、すべての子どもの受け入れを可能にし、すべての子どもに適応できる学校づくりや授業形態の改善に力を入れるべきであるという方向に転換していった（SOU 1994:45）。それに伴い、就学前学校の教育方法の重要性が注目され、6歳児のみならず、すべての就学前学校事業を学校教育として位置付け、統一すべきであるという考え方が強まっていった（Martin Korpi, 2006）。

1980年代末の学校の地方分権化によって、大半のコミューンが基礎学校と就学前学校を統合した行政委員会設置に踏み切っており、就学前学校、基礎学校、学童保育の統合を全国的に実施する前提条件は既に形成されていたといえる。

　1990年代の深刻な経済危機の下、緊急失業対策として政府が打ち出したのが、「生涯にわたる学び」を可能にする教育システム（生涯学習システム）を構築する政策であった（Regeringens proposition 1995/96:206）。グローバル化や多文化主義の浸透によって複雑化した知識社会において、個人が要求される知識を柔軟に修得していくには、学びのスタートを就学前の幼児期に移動させ、就学前学校を学びの出発点とする教育システム全体の見直しが必要だと考えられていったことによる。知識社会に対応できる労働市場政策と教育政策の融合的視座の強化が、今までとは異なった柔軟な形で問われることになった。就学前学校と学童保育の管轄を社会省から教育省に移行させることが提案され、1996年には、就学前学校ナショナルカリキュラムの策定と提案が、就学前学校・学校調査委員会に委ねられた（SOU 1997:21）。

　学童保育・余暇活動センターは、1980年代末から徐々に基礎学校に統合されてきたが、就学前学校と基礎学校の統合を目的として提案されたのが、6歳児就学前教育を就学前学校から基礎学校へ移行させる「就学前クラス」（任意制、学校によっては0年生と名づけられた）の導入であった（Regeringens proposition 1997/98:6）。政府の改革意図の一つは、就学前学校の教育方法の導入によって、基礎学校、特に低学年の教育の質を改善することにあった。また、子どもたちの就学前学校から基礎学校への移行をより安全に、速やかに実施するために、学校への距離を縮小し、両学校の実践を統合し一体化することが重視された。3年間の試験事業を踏まえて制度化されたが、就学前学校の教育方法（遊びを通した学習、子どもの連携能力、自分への信頼、創造性、問題解決能力などの重視）は基礎学校の教育方法に肯定的な影響をもたらしたことが評価されている（Martin Korpi, 2006）。統合のために、就学前学校教員や保育士を基礎学校に移動させ、さらに余暇活動指導士も加えるなど、低学年児童に対応する専門職種を増加させることによって、多様なニーズに対する個別的かつ総合的な対応が可能となった。教員組合は、以前から就学前学校事業を家族政策から教育政策へ移行させることに積極的であったことも、就学前クラスの学校移行を速やかにしたといえる。就学準備教育としての1年間の就学前クラス（半日）は1998年から開始されたが、任意とはいえ、コミューンには希望するすべての6歳児に入学を保障しなければならない義務が課せられるものであっ

た。

（5）就学前クラスの義務化による 10 年間義務教育への改革

　2014 年 3 月、政府は就学年齢を 6 歳に引き下げることに伴う、10 年間の義務教育の導入の検討を基礎学校調査委員会に指令し、同年 12 月には 6 歳児の就学前クラスを義務教育の一部として基礎学校に統合する方法の検討と提案を要請した。それに答えて、委員会は、2015 年 3 月『知識のためにより多くの時間を－就学前クラス、義務教育の延長と休暇学校』という報告書（SOU 2015:81）を提出した（注：休暇学校とは学校法に基づき、必要とする 8 年生と 9 年生を対象として実施される基礎学校の補習授業を意味し、生徒には出席は義務付けられないが、コミューンには実施が義務付けられる）。

　報告書の提案に対して、子どもオンブズマンや学校局などの関係機関への意見聴取を行った後、政府は就学前クラスを含めた 10 年間の義務教育への制度改革に関する議案を国会に提出し、可決されるに至った（Regeringens proposition 2017/18:9）。国が就学前クラスの義務教育化が必要だと考えた理由は 3 点であった。最大の理由は、極めて少数にしか過ぎないとはいえ、生涯学習システム、特に就学前の準備教育の機会を得られていない、排除されている子どもたちが存在することであった。2016/17 学校年度においては 6 歳児の 97.8% が就学前クラスに通っており、残りは就学前学校や 1 年生に入学している子どもたちであった。したがって、6 歳児のほぼ全員がいずれかの学校に通学していたが、住民登録がされていない子どもたち（例えば、難民で亡命申請中の子ども）が存在し、就学前クラスが任意であるところから、約 1.7% の児童が就学準備のための教育を受ける機会を逸している事実があった。スウェーデンの社会政策は、すべての人を対象とする普遍主義的供給を重要な原則とするが、政府はこの改革においても、多様な事情により特別な支援を必要とする子どもたちが教育制度から排除されることなく、すべての子どもが包摂されることを重視した。

　2 番目の理由は、スウェーデンの義務教育の開始（就学年齢）が国際的に遅いことにあった。他の北欧諸国においても同様であったが、アイスランドは 1990 年、ノルウェーは 1997 年、デンマークは 2009 年、フィンランドは 2015 年に 6 歳就学に切り替えた（デンマークとフィンランドは 6 歳児には就学義務ではなく、学習義務として位置づける）。また、基礎学校による義務教育の主

な目的は、すべての子どもに将来の教育や職業のために、教育目標の達成と必要な知識を修得する機会を保障することにあるが、近年の傾向として一般的な学習成果の悪化や、生徒の社会経済的背景が学習成果に否定的な影響を与えることが指摘されてきている（SOU 2016:38）。学習成果の格差の要因が家庭の背景によることが問題視され、すべての子どもの平等な発達条件の保障は、平等な教育の機会の保障によって縮小されるべきであることが重視されたことも重要な背景であった。

3番目の理由は、大半の就学前クラスにおける教育は、子どもたちに失敗する危険性の伴わない、安全で、支援的かつ奨励的な学習環境を提供していたが、多くの就学前クラスでは、ナショナルカリキュラムの目標に沿った授業が十分に行われていない現状があった。すべての学校教育形態において、内容および質において「同等・同値」の教育を提供すべきであるという学校の責務が十分に果たされておらず、不平等が顕在することであった。平等で公平な処遇という民主主義的観点から、国にとって教育の不平等の解消は重要な課題である。家庭の社会経済的な背景にかかわらず、学校はすべての子どもが同等に存在を注目される唯一の生活社会として、歴史的に位置付けられてきた。したがって、この改革は学校における教育の結果としての平等を実現する観点から、極めて重要なものであった。

また、就学前クラスという形態を廃止せず、包括した形での義務教育の延長化によって、遊びと自由な創造性を重要視する就学前学校の教育法を維持し、就学前学校と基礎学校の密接な連携を強化することの重要性が再認識されることになった。いわゆる学校化は、往々にして伝統的な知識習得に焦点を据えられがちであるが、就学準備教育の強化というよりも子どもの最善が重視されたといえる。子どもの基礎学校へのスムーズな移行を図るために、基礎学校との連結的存在として機能する就学前クラスを残したことは、子どもオンブズマンが指摘するように、子どもの権利条約的観点から重要な施策であった。したがって、改革は単に就学年齢の引き下げを意図するものだけではなかった。

就学前クラスを含めた10年間義務教育改革は、2018年秋（新学年開始）から実施された。この改革によって、義務教育制度は、①就学前クラス、②基礎学校、③基礎特別学校（特別支援学校に相当する）、④特別学校（難聴児および聴覚障害児）、⑤サーミ学校（1〜6年、先住民族サーミ人のための小学校）という多様な形態によって構成される。

就学開始年齢は6歳となったが、子どもの親が希望し、特別な理由があれば
1年延期し、7歳から就学を開始することができる。就学開始までは、就学前
学校での学習の機会をコミューンは保障しなければならない。逆に、5歳から
就学前クラスに入学できるが、法的な権利あるいは就学義務があるとはみなさ
れず、出席し、参加する義務のみが求められる。就学前クラスが義務教育に包
括されたことによって、就学にかかる費用は基礎学校と同様に給食も含めてす
べてが無償となった。

4 就学前学校ナショナルカリキュラムの導入と就学前学校改革の評価

（1）最初の就学前学校ナショナルカリキュラム（Lpfö98）の特徴

　1997年、基礎学校のナショナルカリキュラムが改訂され、就学前学校や学童
保育・余暇活動文化の核をなす遊び、探究、絵・テキスト・造形という新しい
概念がカリキュラムに組み込まれた（SOU 1997:21）。次いで1998年の国会で、
保育・学校委員会の最終報告書（SOU 1997:157）の提案を経て、就学前学校の
ためのナショナルカリキュラム（Lpfö98）の導入が可決され、8月から施行さ
れた。これまで時間をかけて行われてきた就学前児童事業に関する一連の改革
を、最終的に集約したのが就学前学校改革であった。

　ナショナルカリキュラムの導入によって、就学前学校法制定以降も使用され
てきた名称「保育所」や「パートタイム・グループ」は完全に廃止され、「就
学前学校」という名称に統一された。ナショナルカリキュラムは、家庭保育所
や公開保育所を直接対象とするものではないが、これらの事業に対しても指針
的な役割を果たす。

　就学前学校ナショナルカリキュラムは、就学前学校が基礎学校への就学をス
ムーズにするためのものとして位置付けられることから、当然基礎学校ナショ
ナルカリキュラムと密接に連動するものであり、知識、発達、学習に関する視
座を共有する。ナショナルカリキュラムの導入目的は、国際的に"EDUCARE"・
モデルと評価されるように、ケア（保育）の重要性という点ではスウェーデン
家族政策の伝統を継承するが、就学前の子どもたちに対する教育学的事業を強
化し、ケアと教育という二つの役割を両立させることにあった。伝統の継承と
同時に新たな視座を取り入れた改革であったといえる。

　就学前学校ナショナルカリキュラムの目標は、従来の伝統と文化を引き継ぎ、

子どもの個別成績評価に重点を置かず、就学前学校事業が努力すべき目標として幅広く設定された。ナショナルカリキュラムは、就学前学校の価値基盤、責務、目標、事業の基本方針によって構成される。目標と基本方針は、①規範と価値、②発達と学習、③子どもの参加と影響、④就学前学校と家庭の連携、⑤就学前学校、基礎学校、余暇活動センター・学童保育との連携の5分野を対象とする。就学前学校の責務は、「生涯にわたる学び」における最初の基礎形成を行い、興味深く・楽しく、安心感に満ちた教育的に有益な事業を提供することである。とりわけ重要な出発点が、学習における遊びの意義と役割であり、子どもの動機、主導力、関心を事業の基盤に据えている。遊びの役割や位置付けは必ずしも一義的ではないが、スウェーデンの就学前学校では遊びが重要なイデオロギー的役割を果たし、子どものステレオタイプ的な知的発達よりも、社会的存在としての総合的発達が優先されてきた（Lindqvist, 2002）。

　さらに、未来の民主主義社会の市民として必要な資質、他者の状況を理解できる共感性を発達させ、子どもが自分自身の日常生活の形成に影響を与えることができるように、子ども自身に考えさせることを奨励することも重視されている。子どもの発達を総合的視点からとらえ、社会的、情緒的、認知的などの多様な側面での発達を包括的にとらえる知識観も、ナショナルカリキュラムがとりわけ重視する点であった。

　スウェーデンのナショナルカリキュラムを国際的にみると、フランスやイギリスが就学準備教育に重点を置くのに対して、子どもの存在や子どもの発達を総合的にとらえ、主軸に据える北欧諸国の伝統を特徴とすることが明らかである（OECD, 2001）。すなわち、スウェーデンの就学前学校は、子ども時代の独自の価値を重視し、子どもに対する尊敬とともに、単なる成人になるための準備期間としてみなさないことを特徴とする（Skolverket, 2008）。

（2）スウェーデンの就学前学校が共鳴するイタリアのレッジョ・エミリア教育哲学

　レッジョ・エミリア（Reggio Emilia）教育学という固有の教育学があるわけではなく、また明確な枠組みによって構成された教育モデルでもない。幼児教育に関する教育哲学として理解され、そう呼ばれている。レッジョ・エミリア教育哲学は、第二次世界大戦後北イタリアのレッジョ・エミリアという一地方自治体で、親たちの主導によって、ファシズムや児童の養育に支配的な影響力

をもっていた、因習的なカトリック教会に対する抵抗から生まれ、発展させられた（Wallin, 1996）。それゆえに、この教育哲学が価値基盤として据えるのが民主主義である。権威・権力に対して従順な子どもたちを育てるのではなく、子どもたちが自ら考え、問い、決定し、学習に責任をもつ教育を実践することによって、民主主義の未来を創り出すことを目的とする（Nurse, 2005）。

　レッジョ・エミリア教育哲学がスウェーデンに紹介されたのは、1981年にストックホルムで催されたレッジョ・エミリア地方の教育事業に関する展示によってであった（Dahlberg & Åsén, 2011）。スウェーデンが追求する幼児教育の理想と重なる部分があったことから、一挙に関心が高まった。1980年代末から1990年代初めにかけて、多くの幼児教育関係者がレッジョ・エミリアの教育実践を学びにイタリアへ出かけたことによって、レッジョ・エミリア教育哲学がスウェーデンの都市部中心に広められていった。1992年以降、当時の教員養成大学（現在ストックホルム大学に統合）とレッジョ・エミリアの就学前学校との教育・研究連携が本格的に始められることになった（Lundgren, Pettersson & Åsén, 2013）（第3章参照）。

　このような背景から、1998年に導入された就学前学校のナショナルカリキュラムにも、レッジョ・エミリア教育哲学はそれなりの影響を与えることになった。その最大の理由は、民主主義を価値基盤に据えるナショナルカリキュラムの幼児教育の視座が、子どもの存在や子どもの学習に対するレッジョ・エミリア教育哲学の視座と共通することにあった（Dahlberg & Åsén, 2011）。2010年のナショナルカリキュラム改訂においても、学習主体である子ども自身の可能性を出発点とするレッジョ・エミリア教育哲学の核をなす、対話あるいは傾聴が重視された。教育学的記録は、以前にもまして必要不可欠なものとして位置付けられることとなった（Skolverket, 2010）。その理由は、関わる全職員が教育学的記録を通して、自らの実践を言語化・可視化し、学校事業の民主主義的プロセスを発展させる手段として重要な機能を果たすことによる。また、教育学的記録によって実践が絶え間なく発展させられるところから、レッジョ・エミリア教育哲学は完成されたものではなく、限りない発展の可能性を内包するものとして評価されてきた。記録を通した振り返りによって、教職員は初めて自分の実践に対する責任を問われ、評価を余儀なくされ、実践を変革する、あるいは新たな実践を生み出すことが可能になる。また、就学前学校のナショナルカリキュラムとレッジョ・エミリアの教育哲学は、就学前学校事業を社会の

重要な機関として位置付けると同時に、社会を就学前学校の事業の重要な背景として位置付ける点でも共通する。

　レッジョ・エミリア教育哲学の目標と同様に、ナショナルカリキュラムは、就学前学校事業は民主主義的事業であるがゆえに、多様な見方や考え方を尊重し、すべての関係者の参加を重視する就学前学校であることを事業目標として掲げる。子どもたちが習得すべき知識の具体的な目標は設定されていない。ただ、ナショナルカリキュラムは就学前学校が努力すべき目標と結果を比較的具体的に掲げるのに対して、レッジョ・エミリア教育哲学は教育学的記録や評価によって、どの目標が達成されたかを主に見ることに留める点が幾分異なるところである（Toveby, 2010）。

　両者ともに、子どもは学習過程において洞察力をもつ自立した存在であり、決して受動的な存在ではないととらえる。ゆえに、子どもが主体的に行動し、社会性や交流能力を発展させるために、また子ども自らが探索し、問題解決の方法を見出すことができるように、他の子どもたちや教職員との相互作用を誘発できる環境づくりを重要視する点も共通する視座である。しかし、大人が想定する以上に多様な資源を内包する子どもたちを既に有能な存在としてみなすレッジョ・エミリア教育哲学に対して、ナショナルカリキュラムは子どもたちが多様な能力や理解力を発展させることができるように、就学前学校の事業が組まれるべきだととらえる点で若干の相違がみられる（Toveby, 2010）。

　スウェーデン全国のすべての就学前学校が、レッジョ・エミリア教育哲学を取り入れているわけではないが、取り入れている就学前学校は日々の実践において、どのようにレッジョ・エミリア教育哲学とナショナルカリキュラムの目標を両立させているのであろうか？先行研究によれば、教職員たちはレッジョ・エミリア教育哲学にインスピレーションを得ながら、ナショナルカリキュラムに沿った実践を目標とするという、融合的姿勢と柔軟的な実践方法を取っている（Toveby, 2010）。簡潔にまとめれば、子どもたちの関心や好奇心から出発したプロジェクトや活動を立ち上げ、教育学的記録による振り返りを行い、ナショナルカリキュラムに沿って、子どもたちや教育にあたる教職員は何を学び、どのように発展させることができたかという分析・評価方法が取られている。

（3）就学前学校改革の評価とナショナルカリキュラムの改訂

　就学前学校改革の最初の評価は改革5年後に実施されたが、その後学校

局は 2004 年から 2008 年にかけて本格的な評価を行った（Skolverket, 2004; Skolverket, 2008）。評価の中心に据えられたのは、①ナショナルカリキュラムが与えた影響と実施効果、②就学前学校の構造的条件や事業の枠組み、③就学前学校の組織化と運営、④事業評価、質向上、目標達成の査定に対するコミューンの取り組み、⑤子どもの発達に関する判定とその方法、⑥特別な支援ニーズのある子どもに対する就学前学校およびコミューンの取り組み状況であった。さらに、全国的な類似性と差異（地域間格差）も評価の対象に組み込まれた。

　2008 年の評価報告書によると、通常このような制度改革効果を分析するには、一定の経過時間（学校分野では 10 ～ 15 年）を必要とするが、就学前学校ナショナルカリキュラムは改革後 5 年足らずで予想以上に速く、しかも着実に全国に行き渡り浸透していることが判明した。ナショナルカリキュラムの目標と基本方針は 5 分野に及ぶが、現場では既に 1990 年代から発展させられてきた試みが、公式にナショナルカリキュラムとして体系化され、文章化されたといえる。関係者から絶大的な支持を得られた主な理由は、現場における認識が既に全国的な実践として定着していたことによるものであった。

　このような背景から、評価も全体的に肯定的であり、しかも相対的に高かった。子どもの発達は他の子どもたちとの相互作用によって実現可能となると考えるところから、集団力学的グループ活動を重視する実践が、スウェーデンの就学前教育の伝統をなしてきた。子どもの発達と学習に関しては、個別化の重要視とともに、すべての子どもが好奇心や関心と発達能力を潜在的に内包する存在であるという見方が発展させられ、定着化させられてきた。したがって、学校の事業評価に子どもが参加するなど、子どもの参加を促す教育形態・方法の開発に力が入れられてきた。就学前学校と家庭の連携も昔から重視されてきた伝統であったが、両者の役割がさらに明確にされ、強化された。ただ、就学前学校と、就学前クラス、基礎学校、余暇活動センター・学童保育との連携は最初の評価時点からみると、既にそれなりに定着していたこともあってか、さほど飛躍的な発展が見られなかったことが指摘されている。

　民主主義的観点から、同等・同値の教育（教育の平等性）は重要な意味をもつが、子どもグループの大きさ、学校の構造や広さなどの物理的環境、専門教育を受けた職員の確保に関しては、コミューン間の差が指摘されるものの、国際的にみるとその差は極めて小さいことが明らかにされている。2002 年、失業者や学業に従事する親を持つ子どもの就学前学校の利用権保障、4、5 歳児に

対する年間最低 525 時間の無償教育保障（2010 年から 3 歳児に引き下げ）、親
負担の就学前学校料金上限制度などの導入によって、不平等の縮小が大幅に達
成された。

　就学前学校ナショナルカリキュラムは、長年にわたる就学前学校事業の経験
を体系化し、教育的側面を発展させることを目的として、教育システムの一環
に組み込んだことにより、就学前学校の社会的地位を高めることに貢献したと
いえる。国際的にも、就学前学校と基礎学校の教育視座の共有によって、教育
システム間の連携強化が進んだことが評価された（OECD, 2001）。

　2017 年、政府は学校局に就学前学校の責務をより明確にするために、就学前
学校ナショナルカリキュラムの見直しを指令した（Skolverket, 2018）。見直し
の主な目的は、就学前学校教育の質の向上を図り、就学前学校の目標の達成を
より確実なものにすることにあった。2018 年、学校局の提案に基づいて見直し
が行われた結果、就学前学校ナショナルカリキュラムが改訂され、新たなナショ
ナルカリキュラム（Lpfö18）が 2019 年 7 月より施行されることとなった。

5 　2019年施行の就学前学校ナショナルカリキュラム改訂版（Lpfö18）

（1）就学前学校の価値基盤と責務

　2018 年に改訂され、2019 年より施行された就学前学校ナショナルカリキュ
ラムは、基本的な内容は最初のナショナルカリキュラム（Lpfö98）と変わらな
い。しかし、就学前学校の責務をより明確にし、また用語の使用や表現を厳選し、
読みやすく、理解しやすくするために見出しを設けるなど、全面的な体系化と
構造化が図られた。学校法（SFS 2010:800）に基づいて、就学前学校が教育シ
ステムの一環であることを明確にする観点から、「教育」および「授業」とい
う用語が導入された。また、国の学校における IT －戦略に基づいて、情報処
理に関するデジタル能力の向上に関する記述が追加されている。教育の平等に
関する記述も、基礎学校などのナショナルカリキュラムと合致するように修正
が施された。ケアという概念が教育プランの数か所に取り入れられ、「ケア」・「発
達」・「学習」が一体化され、就学前学校の基盤に据えられることがより明確に
された。さらに、国内の少数グループや移民世帯の子どもたちの母語に対する
学習権利とともに、難聴や聴力障害のある子どもたちの手話を第一次言語とし
て使用する権利に関する記述もより明確化されている。ナショナルカリキュラ

ム改訂版（Lpfö18）の構成は大きく２部に分けられる：I. 就学前学校の価値基盤と責務（基本的価値、理解と共感性、客観性と総合性、同等・同値の教育、就学前学校の責務、ケア・発達・学習、各就学前学校の発展）、II. 目標と指針（規範と価値、ケア・発達・学習、子どもの参加と影響、就学前学校と家庭、過渡期における連携、フォローアップ・評価・開発、就学前学校教員の授業における責任、校長の責任）（Skolverket, 2018; Lpfö18）。目標と指針は、最初の就学前学校の価値基盤と責務を具体化したものであるため、ここでは最初の部分に当たる就学前学校の価値基盤と責務の主な内容を紹介する。

1）基本的価値

　就学前学校ナショナルカリキュラムは、冒頭において就学前学校の「価値基盤」は民主主義にあることを宣言する。就学前学校教育は子どもたちにスウェーデン社会が立脚する基本的人権の尊重と民主主義の価値を理解させ、実践させる責務を負うことを明記している。それも、基本的人権と民主主義に対する知識上の理解だけではなく、日々の民主主義的実践を就学前学校に要求する。したがって、人間の命の不可侵性、個人の自由と個人の独立した人格の高潔性、すべての人の対等な価値、男女平等、社会的弱者と疎外された人たちとの連帯の重要性を理解し、実践することを就学前学校に関わるすべての関係者に要求している。さらに、子どもは誰一人として、子ども自身や近親者の性、性同一性、民族、宗教、機能障害、性的志向や年齢などによって、差別およびその他の人権侵害的対応を受けてはならないとし、すべての学校関係者に、あらゆる差別に対する自主的・能動的な予防と阻止を義務付ける。現代社会において、依然として残存する障害者などへの差別が撤廃されない限り、事実上の民主主義社会はありえないという障害者政策の国政基本方針や、差別禁止法の理念や目的がここにも反映されている。

　さらに、ナショナルカリキュラムが就学前学校に求めるのは、幼児期の教育目標の達成という短期的な視野からの教育ではなく、将来を見通す長期的でグローバルな視野に基づき、次世代を担う能動的な市民育成のための基礎形成のための教育である。学校法（SFS 2010:800）によれば、就学前学校の教育の目的は、子どもたちが知識や価値を確かなものにし発展させることにあるが、単なる知識の習得に終わらせず、すべての子どもの発達と学びを可能にし生涯にわたって学ぶことの喜びを増進させることにある。就学前学校の責務として要

求されるのは、民主主義的な方法によって学校の事業を運営し、子どもたちが将来社会形成に積極的に参加し、経済的、社会的、環境的に維持可能な発展を実現しうる市民としての基礎形成に努めることである。子どもの権利条約も、就学前学校の重要な羅針盤として、ナショナルカリキュラムに位置付けられている。子どもの最善を教育の出発点に据え、子どもが就学前学校の事業運営に参加し、影響を与える権利をもち、すべての子どもがこれらの権利を有することを子どもたちに徹底して認識させ理解させることを、就学前学校の責務として要求する。

2）理解と共感性

　スウェーデンの就学前学校教育が目的に据えることは、技術的な知識習得による学習能力の向上ではない。人間に対する理解と共感性の向上である。教育の目的は、子どもたちが他者の置かれている状況を思いやり、感情移入ができるように勇気づけ激励することによって、子どもたちの共感性・共感的理解を発展させることだと述べている。教育は、人間の理解やライフスタイルは多様であることに対して、寛容でなければならないとするように、多様性に対する寛容的な姿勢を重視する。人生上の問題に対して、多様な方法で自分の考えを反芻し、他者とも共有できる資質を向上させる必要があることを指摘する。

　就学前学校だけではなく学校教育全体に問われる新たな挑戦は、スウェーデンにおいて国際化や多文化共生社会化が進む中、多様な文化の価値に対する多元的理解を広め浸透させることである。子どもたちの社会的、文化的交流の場である就学前学校にも、社会的使命として、子どもたちに多文化社会における多様な生活条件に対する理解と共感性を培い、発展させる責務が問われる。さらに、異なる言語や文化をもつ原住民や少数民族グループに対する理解や共感力を体得することも、社会構成員の重要な資質として求められる。スウェーデン独自の伝統的な文化の継承を重視するだけではなく、社会的排除を予防し、包摂社会を構築することの重要性を理解させることを、教育の果たすべき役割として位置付けるものである。

3）客観性と総合性

　ナショナルカリキュラムが次に重視するのが、民主主義社会における多様な理解に対する寛容な姿勢の形成とともに、民主主義社会が立脚する価値基盤の

擁護である。多くの先進諸国の共通現象として指摘される、大衆迎合主義的あるいは新ナチズム的な政党の勢力の増大は、民主主義に対する大きな脅威として危惧される。ゆえに、民主主義から逸脱する価値規範に対しては、断固とした拒否の態度を示すとともに、教育において子どもたちが自ら思考し、自分の意見形成や選択ができるように勇気付け、子どもたちが教育に参加し、影響力を与えることができるよう導き、支援することを重視する。ナショナルカリキュラムは、就学前学校に関わるすべての関係者が、民主主義社会における権利と義務に対する子どもたちの認識や理解に影響を与える存在であることを指摘し、関係者全員に子どもたちの良き手本として行動することを求める。また、子どもたちの意見形成が一面的にならないように、授業が事実関係や科学的根拠に基づき客観的かつ総合的であり、特定の宗派や教義に偏ってはならないと警告する。ここで重視されるべきことは、民主主義社会に対する理解は理念的知識教育によるものではなく、子どもたちが日々の生活において身をもって民主主義を実践し、実践を通して民主主義の重要性を理解することができるように支援することを、就学前学校に関わるすべての成人の責務として要求していることである。

4）同等・同値の教育

　改訂版で新たな見出しを与えられ、取り上げられたのが、同等・同値の教育という表現による教育の平等に関する基本的な考え方である。学校法は、教育は全国の学校において同等・同値であるべきだと明記する。すべての人が対等な価値をもつ民主主義社会において、教育を受ける機会や条件、結果としての教育内容に不平等があってはならないからである。しかし、教育の平等とは、同じ教育資源をすべての子どもに等しく供給することを意味するわけではない。すなわち、学校はそれぞれの子どもが置かれている条件から出発した学びを重視するのであれば、多様な条件とニーズを配慮しなければならず、ゆえに教育はすべての子どもに画一的に提供されるべきものではないとする。等しい価値をもつ教育を保障するには、他の子どもたちよりも教育資源を多く必要とする子どもたちが現実に存在するために、すべての子どもに資源を等しく分配するわけにはいかない。学校は、多様な理由によってより多くの指導や特別の支援を必要とする子どもたちを特に注目すべきだとする。すべての子どもの発達を可能にするには、可能な限り子どもの有する条件とニーズから出発した内

容と形態によって、教育を受けられることが重要な前提となる。また、男女平等の観点から、所属する性に左右されない教育の提供を重視する。ナショナルカリキュラムは、多様な理由によって他の子どもたちよりも一時的あるいは常時支援や刺激を必要とする子どもたちは、各自のニーズと条件に適した教育を受けられるべきだと明言する。

5）就学前学校の責務

　ナショナルカリキュラムが、就学前学校の責務として重視するのが、「総合的視点」、「遊びは発達・学習・安寧の基盤をなす」、「意思疎通と創造」、「維持可能な発展・健康・安寧」という見出しによって紹介される以下の4点である。

　総合的視点が重視される理由は、子どもの総合的な人間発達を可能にするには、それぞれの子どものニーズを総合的に把握する必要があると考えるためである。したがって、スウェーデンの就学前学校事業は知識や技術の習得だけではなく、ケア・発達・学習の三つの要素を体系的に組み込み、一体化した形で提供する。スウェーデンが総合的視点を重要視するのは就学前学校事業領域だけに限らない。日常生活において支援を必要とする人々に対して、必要なサービスを提供し妥当な生活水準を保障する社会サービス法（1980年制定、1982年施行）においても重要な原則をなす。ニーズとは何かと定義することは容易ではないが、一言で言えば、人が通常の生活の営みにおいて必要なものすべてを意味する。人間の一側面のみに焦点を当てるのであれば、総合的な人間理解や人間発達を図ることは困難になり、何をどのように支援するのかを総合的に見極めることも難しくなる。

　スウェーデンの就学前学校の教育の使命は、生涯にわたる学びの基礎を形成することにある。したがって、学校での学びはすべての子どもにとって、興味深く・楽しく、安心に満ちた有益なものでなければならない。生涯にわたって学び続けたい意欲を喚起する肯定的な体験が得られない限り、子どもは学び続ける動機を維持することは難しい。積極的、創造的かつ責任感のある社会の構成員に子どもを育成するには、就学前学校は家庭との連携が必要不可欠だとする。その理由は、家庭には唯一無比の子どもに対する知識や経験が豊富に蓄積されており、就学前学校が子どものニーズを総合的に理解し、それぞれの子どもが携える条件から出発した学びや最善の発達を図るには、家庭との連携なしには実現しえないからである。ナショナルカリキュラムは、学校と家庭の連携

を最大限有意義なものにするために、学校には、子どもと親権者に対して、教育の目標を十分に説明する責任があることを指摘する。

ナショナルカリキュラムは、就学前学校が、子どものニーズの充足と総合的な発達の可能性を最大限に追求することを、具体的な実践として求める。授業は教育の一部をなすが、子どもの発達と学びは絶え間なく前進するため、ニーズに対して総合的に対応するには、計画して実施する授業と、自発的・自然発生的に提供される授業の両方が必要だとする。教育に関する最大責任を負うのは就学前学校教員であるが、ケア・発達・学習を一体化した事業として実践するには、ケア提供者として専門的に対応できる保育士の授業参加も必要かつ重要だと位置づける。職業領域を超えたすべての学校職員が、ありのままの子どもを受容し、子どもたちが信頼感と自尊感情を高めることができるように、好奇心、創造性、関心を促し、激励することを要求する。さらに、子どもの発達、健康、安寧の促進にとって好ましい物理的環境と、子どもたちのニーズに即した活動と休憩のバランスのとれた一日の提供を重視する。

遊びは発達・学習・安寧の基盤をなすという見出しが語るように、就学前児童の総合的発達にとって、遊びは重要な意味をもつと考えられ、実践されてきた。スウェーデンの就学前児童のための一連の事業改革の過程を振り返ると、必ず遊びの重要性が中心に据えられている。遊びを通して、子どもは他者を手本として見習い、想像力や共感性を培い、五感を鍛え、運動神経やコミュニケーション、社交性、連携能力や問題解決能力を試し、使いこなし、発達させる。遊びを通して、子どもは自分の存在とともに、自分とは異なる他者が存在することを認識する。遊びが子どもの総合的な発達を可能にするのは、内蔵する自己資源を総合的に使用することが要求されるからである。ゆえに、子どもたちは遊びを創造し、試行し、体験するための時間、場所、静寂を必要とする。スウェーデンが、長らく就学年齢を7歳に据え置いてきた理由は、この時期の子どもたちは遊びに最も関心があり、遊びによって学ぶ動機付けが活性化され、機能の異なる脳細胞をまんべんなく刺激することによって、創造性に満ちた総合的な人間発達を図ることが可能になると考えてきたからである。

遊びは、就学前学校教育において発達・学習・安寧を実現するための歯車としての機能を果たす。遊びの効力を最大限に活用するには、子どもたちにとって子どもたち自身が創造する自由な遊びと、教職員が導く遊びとの両方の体験が必要であり、全員で行う共同の遊びには、すべての子どもが自分のもつ条件

から参加する可能性が与えられるべきだとする。したがって、教職員が直接あるいは間接的に遊びに参加する場合は、遊びが抑制あるいは制限されないように極力注意し、遊びが支障なく発展させられるような方法と環境づくりの重要性を指摘する。

　意思疎通と創造という見出しの下、ナショナルカリキュラムは言語、学習、アイデンティティの発展は密接に関連することを指摘する。就学前学校は、子どもの母語の発達に重きを置くが、一方的かつ画一的に言語を教えるのではなく、多様な方法で意思疎通ができるように、子どもの好奇心や関心を真剣に受け止め、奨励することが重要だと説いている。朗読を聞かせる、文学やその他の文章について話し合うなどの方法によって、子どもが言葉に関心を抱く刺激的な環境の提供を重視する。

　社会が必要とする知識を獲得することは、多様な情報と絶え間ない変化に直面させられる現代社会では必要不可欠である。その基礎をつくるためには多くの知識を技術的に身につけさせるのではなく、子どもが自ら思考し、主体的に学習し、多様な状況や目的に沿って意思疎通ができるように導き、支援することが重要だと述べている。

　価値、伝統、歴史、言語、知識などのスウェーデンの文化的遺産の継承は、就学前学校の責務だと位置付けるが、多文化社会においてはスウェーデン文化の継承だけでは不十分であることを指摘する。スウェーデン語以外の少数言語や外国語を母語として使用する子どもたちが、母文化を継承し、文化的アイデンティティを形成できることの重要性と、そのための母語教育の提供を、子どもの必要不可欠な権利として位置付ける。同じ観点から、難聴や聴力障害のある子どもに対しては、第一次言語である手話による言語発達と意思疎通の権利を保障する。

　さらに就学前学校は、創造性を発展させるために、子どもたちが探索し、反芻し、自分の世界を表現できるように、十分な時間、場所、静寂を得られる環境を提供すべきだと指摘する。絵、造形、劇、歌、音楽、ダンスなどの芸術的活動も、情緒的発達に必要だととらえる。また、算数は一つの科目として教えるのではなく、日常的な問題を解決できるように算数の知識を使う機会を作り出すことの重要性を説いている。さらに、日々の生活に必要な情報処理のためのデジタル能力を向上させるとともに、デジタル化やデータ使用がもたらす危険を理解し、情報の妥当性の判断ができるように、批判的かつ責任ある姿勢の

基礎が形成できるような学び方を重視している。

　最後に掲げる就学前学校の責務は、維持可能な発展および健康と安寧を図ることである。教育は、将来に対する肯定的な展望に満ちたものであるべきだと明言する。教育の目的は、将来を築くことにある。就学前学校の教育は、子どもたちが身近な環境、自然、社会を生態学的観点からとらえ、しかも丁寧にアプローチができる機会を与えなければならない。さらに、人間の多様な選択が経済的、社会的、環境的に維持可能な発展にどのように貢献できるのか、子どもたちが知識を深めることができる機会を提供しなければならない。一方的に教え込むのではなく、子どもたちの好奇心を最大限に活かして、自然、社会、技術に関する関心を促し、刺激する教育の必要性を説く。

　健康的観点からは、子どもたちは日常的な身体活動や、多様な自然環境における戸外活動の機会を得ることによって、総合的な運動能力を発達させることができると指摘している。ゆえに、運動する喜びの体験が身体活動への関心を発展させるために必要となる。子どもたちは、身体活動、栄養豊かな食事、健康なライフスタイルを日常的に体験することによって、これらが健康と安寧にもたらす影響を理解できるようになる。健康、安寧、維持可能な社会の発展に対する関心を高めるには、子どもたちが自由に探索し、質問する機会を得、外界の現象や因果関係について話し合える、自発的な学習姿勢の奨励が必要かつ重要だと説明している。

6）ケア・発達・学習

　ここでは、スウェーデン就学前学校の大望と目的、使命と責務が、改めて俯瞰的視点から集約的に述べられている。中心に据えられているのは、幼児教育はケアを基盤として成り立つという考え方である。ケアは子どもたちに安心感をもたらし、自尊感情を育むための基盤を形成する。ナショナルカリキュラムは、子どもたちが発達し、学ぶ主体として満足感を得、喜びを感じることができる学校であることを最重視する。したがって、学校に求められる責務は、すべての子どもが前に進むことができ、困難を乗り超え、グループのかけがえのない一員であるという認識を得ることによって満足感と喜びを体験し、また自分が学び、創造する力をもつ一人の人間であるという、自己への肯定感をはぐくむことができるように支援することである。重点が置かれるのは、受動的な学びではなく、自ら発見し、感動し、試行し、探索し、多様な知識や経験を培い、

発展させることのできる子どもの自由で自発的・主体的な学びである。同時に、ナショナルカリキュラムが就学前学校に求めることは、一人ひとりの子どもの発達と学習を刺激する喚起的な働きかけである。

　教育の内容や方法は、科学的な根拠と効果が実証された経験に常に基づかなければならないとする。ナショナルカリキュラムの知識に対する考え方も明確であり、多元的かつダイナミックな視座がある。知識とは一義的に定義されるものではなく、知識には多様な側面があることを指摘し、知識を画一的に教えることに警鐘を鳴らす。ゆえに、知的、言語的、倫理的、実用的、感性的、芸術的な多様な側面からの理解形成、思考、知識向上のために必要な教育的環境が、子どもたちに提供されなければならない。知識は、人と人の相互作用に欠かすことができないものであり、事実、理解、技能・スキル、精通・熟知などという多様な形態で表現される。したがって、多様な知識形態を受け入れることができるゆとりが必要であり、バランスのとれた一つの知識体系として構築できるように、子どもたちの学びを支援することを要求している。

　最後に集約的な観点から、教育とは、子ども自身の体験、子どもがもつ関心やニーズが出発点であることをナショナルカリキュラムは明記する。しかし、子どもには継続的な挑戦も必要だとし、新しい発見や知識への意欲を与える働きかけも重要だとみる。子どもの発達や学習における継続性や向上を図ると同時に、次の段階の教育への準備も就学前学校の責務として求められる。子どもの創造性、好奇心、自尊感情を刺激し、自己や他者の考えを試し、問題を解決し、考えを実行に移すことができる励ましや挑戦の機会を与えることが必要となる。さらに、子どもたちが主導力と責任感をもち、自発的・主体的であることの重要性とともに、他の子どもたちとの共同学習（集団性）の重要性を指摘する。第1章で述べたスウェーデンにおける教育の役割を振り返ると、新しい時代における民主主義的起業家精神を教育システムの基軸に据えようとした意図が、就学前学校のナショナルカリキュラムにおいてもうかがえる。

　ナショナルカリキュラムはさらに、子どもの発達と学びにおける人間間の相互作用の効果を重視する。子どもたち同士、あるいは大人と子どもの相互作用を授業の基盤に据え、授業に関わる関係者全員に子どもの相互作用を観察し、可能性に注目することを要求する。子どもは、遊び、社会的交流、探索、創造、さらに観察、対話、反芻することを通して、学ぶことができる存在である。したがって、教育方法が多様であり、環境が挑戦的で刺激的であり、遊びや活動

に子どもの関心を引き付けることができれば、子どもの学習は多角的かつ体系的となるととらえる。また、子どもは屋内外での日々の多様な活動や異なった環境を自由に繰ることができるため、子どもの主導性、想像力、創造性を発展させるために必要な行動の自由を保障することを極めて重視する。

　最後に、ナショナルカリキュラムは、それぞれの就学前学校およびその運営責任者であるコミューンには、国の目標を達成する責任と義務のあることを明記する。また、校長および就学前学校教員には、ナショナルカリキュラムの目標に従って実践し、教育の絶え間ない発展と質向上を図るために、体系的および継続的に実践を記録し、追跡し、評価し、分析することを責務として求めている。

6 特別な支援を必要とする子どもに対する支援教育の視座と実践

　かなり前の話である。スウェーデンの南にある平均的な人口規模のコミューンの社会局で、社会サービス行政について話を聞いた折に、説明されたことである。「特別な支援を必要とする人たちには特別なニーズがあるのではなく、普通のニーズを充足させるために特別支援が必要なだけである」。パラダイム転換というのは大袈裟かもしれないが、この視座は私にとっては目から鱗であった。どのようにして、このような考え方にスウェーデンという国は行き着いたのか？この時の経験が、特別なニーズあるいは特別な支援というものを、スウェーデンがどのように考え、実践してきたのか、歴史的推移を調べようと思った背景である。

（1）特別なニーズと特別な支援をめぐる相対的見方

　スウェーデンの就学前学校に対する評価は、国内外ともに高い。国が行う多様な公的機関に関する利用者調査でも、就学前学校に対する市民の評価は常に上位を占める。同様に、特別なニーズのある子どもに対するスウェーデンの支援教育は、他の北欧諸国と同様に、通常の状態とは異なる子どもの心身状態に対する相対的な見方と、すべての子どもの包摂を重視する独自の視座を確立してきたことで、国際的に知られる（Lutz, 2013; Palla, 2011）。すなわち、子どもの特別なニーズに対する相対的見方とは、困難は子どもを取り巻く環境と、子どもが有する個人的条件の相互作用において生じるととらえることである。

　「特別なニーズをもつ子ども」から、「特別な支援を必要とする状況に置か

れている子ども」というように、表現の仕方が異なってきたことは、理解の仕方が異なってきたことを意味する。すなわち、特別なニーズとは、子どもの特定かつ固定した属性として所在するものではなく、たえず、子どもが置かれている状況に左右されるものとして理解される（Skolinspektionen, 2017; Skolverket, 2017a）。同じように、「困難をもつ子ども」ではなく、「困難な状況に置かれている子ども」としてとらえられる。このような相対的見方が重視されるようになった背景には、スウェーデンが 1960 年代から、すべての人が不自由なく安心して生活を営むことのできる平等社会の建設を目指し、障害を環境との関係においてとらえる相対的概念定義を発展させてきた歴史的過程がある。スウェーデンは障害者個人に社会環境への適応を求めるのではなく、すべての人を包摂する共生社会への構造的変革を、民主主義国家の責務として位置付けてきた。背景に据えられているのは、すべての人が対等な価値を有するという民主主義の基本価値である。ゆえに、障害者だけを対象とした選別主義的障害者政策ではなく、国民すべてを対象とした普遍主義的社会政策を実現してきた国だといえる。

　特別な支援を必要とする子どもという概念は、時代とともに多様に理解され、定義されてきた。初めて「特別な支援ニーズをもつ子ども」、あるいは「特別なニーズをもつ子ども」という概念を導入したのは、1968 年の保育所調査委員会であった（SOU 1972:26 & 27）。1970 〜 1980 年代には、困難な状況に置かれている子どもに対する学校の特別責任と、子どもの多様な発達条件に対して適応できる寛容性と対応力が、就学前学校事業に求められるようになった。1990 年代に入ると、障害の相対的概念が社会的に浸透したことによって、特別な支援という概念の使用の仕方が問われ、変えられていった。特別な支援を必要とするのは、特定の子どもだけだと言えるのか、あるいは、すべての子どもがある時期一時的に特別な支援を必要とすると言えるのではないかという議論は、今日においても引き続き行われている。現在の就学前学校のナショナルカリキュラムでは、特別な支援を必要とする子どもに関する明確な定義は与えられていない（詳細後述）。今日における見方を理解するためには、第二次世界大戦後における特別な支援を必要とする子どもに対する見方や考え方、表現の仕方がどのように変化してきたのかを整理する必要がある。その理由は、時代時代の人間社会において生み出される諸問題や、それに伴う人々の支援ニーズをどのようにとらえ、定義するかによって、解決のための対応策が自ずから異なっ

てくるからである。

（2）発達心理学の影響と就学前学校の役割

　何が正常であって正常ではないかという定義の仕方は多様であるが、一つの方法が個人の身体的、精神的状態やその特徴を正規分布曲線に照らし合わせて、正常性を大半の国民との差（国民的平均値）から測定しようとする統計的理解である（Tideman, 2000）。もう一つのとらえ方は、逸脱や異常は個人の環境との関係において、周りから問題があるとみなされることから定義を試みる方法である。したがって、規範的な見方（規範的正常性）が基盤に据えられ、定義内容はその時々の社会の規範や価値観によって異なってくる。個人的・医学的正常性に基づく定義は、逸脱や異常、疾病の有無を問い、逸脱や異常があれば正常な状態に戻す、あるいは、正常な状態に到達することができるように、医学的治療や特別支援教育が必要であるという考え方だと言える。

　特別なニーズがあるとみられる子どもたちに対する支援教育を行うに当たって、正常性の判定はどのように発展させられてきたのであろうか？歴史を遡ると、第二次世界大戦後教育分野において、児童・青少年に対する新しい見方が登場してきたことが明らかである（Lutz, 2013）。ドイツのナチズムの青少年育成思想に対する深い反省から、特定の思想や価値に依拠しない中立的な見方や姿勢が求められ、客観的妥当性の検証を可能にする科学が、社会の児童・青少年事業の発展のために重視されていった。科学の中でも教育分野において数十年にわたり大きな影響を与え続けたのが、アメリカの発達心理学であった。保育所と就学前学校に関する1951年の調査報告書（SOU 1951: 15）は、就学前学校年齢期は、人間としてパーソナリティを形成するうえでの黄金の時期であるが、その一方、発達リスクの大きい時期でもあり、偏った発達の是正や、遅れた発達の活性化とともに、環境に対して社会的に順応できる人間としての成長を図るには、医学的、教育学的介入の必要性が他の人生の時期よりも大きいことを指摘している。

　発達心理学の普及は、子ども時代は能力ある人間に成長する基礎が形成される人生の重要な時期だという考え方を浸透させていった。また、家庭と社会的諸機関の関係が問い直され、就学前学校は子どもの家庭における養育条件の不足や欠陥を補うことが可能な施設として、位置付けられるようになった。子どもが直面している困難を早期に発見する重要性とともに、子どもと子どもの家

庭に対する社会的コントロールが重視された（Lutz, 2013）。

1970年代初期の託児所調査委員会の報告書（SOU 1972:26,27）に反映されているのは、ジョージ・ハーヴァード・ミード、エリク・H・エリクソン、ジャン・ピアジェなどの心理学者による発達心理学理論である。子どもの発達は、社会的、情緒的、認知的、言語的、運動的発達に分類されており、これらの分類は今日の個別発達計画においても、基本的な構造として影響を及ぼしている（Lutz, 2013）。さらに、報告書が重視するのは、就学前学校の子どもたちのために利用可能な多様な社会的資源（社会サービス、児童青少年精神診療所、児童ハビリテーション、小児保健センターなど）との連携の重要性であった。また、報告書は「特別なニーズをもつ子ども」という概念を導入し、特別なニーズのある子どもの就学前学校入学優先の必要性を説いている。しかし、その後特別なニーズのある子どもを、他の子どもたちから選り分けることの是非が問われるようになり、子どもの環境調査委員会は、就学前学校の事業の理論的背景として、発達心理学に依拠することの妥当性を疑問視している（SOU 1975:53）。発達心理学の知識を教育の現場に直接適用することは可能かという疑問とともに、就学前学校が子どもの家庭の養育条件の不十分さや欠陥を補い、治療的な役割を担うべきであるという考え方も問われていった。

（3）統合（インテグレーション）から包摂（インクルージョン）へ：困難や障害のある子どもに対する見方と学校の対応

長らく、統合（インテグレーション）は正常化（ノーマライゼーション）を達成するための重要な前提条件としてとらえられてきた。ここでいう統合とは、施設生活などにより今まで一般社会から隔離されてきた人々を、他者との社会生活に参加できるように、物理的な垣根を取り除き、社会の一員（社会的存在）として迎え入れることを意味する。スウェーデンの教育現場においても、統合から正常化へ、さらに共生・包摂（インクルージョン）へと発展させられていった歴史的過程がある。

1980年代には、多様な機能障害のある子どもたちを、特別な施設から通常の就学前学校事業に統合することが重視され、実施されたが、次第に統合という概念自体が疑問視されていった。その主な理由は、統合を可能にするには、その前提として統合されるべき・統合を必要とする個人が正常ではない（異常・逸脱）と、定義される必要があったことによる。さらに、統合は単なる場所の

共有による共存としてとらえられ、統合に伴う教育学的な大望は低いもので
あったことが指摘されている（Lutz, 2013）。

　1990年代に入ると、統合化が進んだスウェーデン社会では、統合の次の段階、
脱統合社会として包摂という概念が台頭し、浸透させられていった。包摂の概
念定義は必ずしも一義的ではないが、統合の概念を一歩前進させ、焦点を個人
的適応から人間の多様性に対する環境側の適応へと移行させたといえる。特別
支援教育においては、包摂という概念は子どもたちの多様性を発見し、理解し、
一部の子どもたちの排除を防ぐ包括的・包摂的な教育の前提条件を創出するこ
とを意味した（Lutz, 2013）。

　通常の授業形態に順応あるいは適応できない子どもに対しては、特別対応に
よって解決するというやり方は、スウェーデンの学校政策の長らくの伝統で
あった(Skolverket, 2005)。すべての子どもを包摂する学校にするのか、しかし、
通常の授業形態による学習が難しい子どもには異なる対応が必要ではないのか
という議論は、今日に至るまで果てしなく続けられてきた（Lindqvist, 2012）。
すべての学校がこのジレンマに直面させられてきたといえるが、この問題を取
り上げる過去の国の調査委員会の報告書をひも解くと、学習が困難な子どもに
対するとらえ方や対応の仕方が、時代とともに変化してきたことが見えてくる。

　第二次世界大戦後、スウェーデンにおいて支配的であった見方は、先の章で
も紹介したように、学校のもっとも重要な社会的使命は、知識を広く行き渡ら
せ、子どもたちが勤勉な市民に成長することができるよう教育することであっ
た（SOU 1944:20）。したがって、学習能力の高い子どもは順調な発達が妨げら
れないように、しかし、学習能力の低い子どもも排除あるいは放置されないよ
うにするためには、子どもたちの能力の差別化・類別が必要だと考えられた。
このような見方が重視されるようになった背景には、心理テストの導入と普及
があった。当時の学校心理士の主な任務は、行動障害、学習困難、その他の逸
脱行為を判定し、特別な支援の必要な子どもを類別することであった（SOU
1948: 27）。1940年代末から、必要とする生徒に特別な支援を提供し、生徒が所
属する普通学級の負担を軽減することを目的として「観察学級」が設けられた。
また、社会的な順応や適応が難しい児童・青少年のための教育学的・心理学的
助言センターが設置され、テストによって子どもたちを多様な学習形態に振り
分ける方法が発展させられていった。さらに、教師の授業計画を支援するため
に、進級や進学の際には、学習習熟度や心理学的、教育学的な検査が実施され

るようになった（Lindqvist, 2012）。

　このようにして、多様な形態による特別授業が徐々に拡張され、1970年代初期には、生徒の3人に1人が何らかの特別支援の対象になるまでになっていた（Lindqvist, 2012）。しかし、1970年代の初期には、障害が個人と環境との相互作用によって生み出されるという見方が主流になっていったことにより、特別学級による授業形態や生徒の類別に対する見方が疑問視されていった。学校内部事業調査委員会は、報告書『学校の事業環境』（SOU 1974:53）において、学校問題を生み出す環境、授業形態、教育方法がもたらす影響や意義を注目し、取り上げている。生徒の類別は可能な限り避けること、生徒が体験する問題の解決は特別対応によるものではなく、環境としての学校の事業形態が多様な問題に適応できるよう改善されるべきだと指摘している。これらの議論を踏まえて、基礎学校のナショナルカリキュラム（Lgr 80）が改訂され、学校の事業形態、学習状況、チームワークにおける多様な教職員連携などとともに、問題を深刻化させない予防的対応が重視されていくようになった。

　1990年代に入ると、それぞれの子どもが固有のニーズを有する存在であり、ニーズは固有な方法によって対処されるべきだという、個人主義的・個別的視座が支配的になっていく（Lindqvist, 2012）。このような視座が登場してきた背景には、子どもの困難が神経精神疾患診断によって判定されるようになり、またストレス、低い自尊感情、他の生徒や大人との社会関係上の問題による社会情緒的問題として、とらえるようになったことにある。個別的アプローチへの方向転換と同時に、学校における問題は、学校の事業形態が生徒に適応する形で解決されるべきであることも重視されていった。しかし、生徒の問題は生徒自身に直接みられる問題に関連させて定義されるものの、学校の事業形態や学校の外における生徒の社会的状況が検討対象になることは稀であったことが指摘されている（Lindqvist, 2012）。生徒が学校において学習目標を達成し、充実した学校生活を送ることができるかどうかは、学校組織や事業形態、さらに学校関係者の姿勢や態度に大きく影響されることも指摘されてきたが（SOU 1998:16; SOU 1998:66）、1990年代の経済不況の下では、学校が特別な支援資源を十分に投入することが困難になっていったといえる。したがって、コミューンの財政問題を取り上げるよりも、子ども自身に問題の所在を求めることの方が容易であったのではないかという指摘もされてきた。

　通常の授業形態の対象から選り分けられる理由と、典型的な対応例として挙

げられてきたのが、次の4通りであった：①身体的疾患や障害のある子どもは、特別学校や特別な授業形態の対象に振り分ける、②騒がしく、喧嘩っぽく、従順でない子どもは、養育施設、観察学級、寄宿舎などによる幅広い対応を適用する、③学習目標を達成できない子どもは、基礎特別支援学校、支援授業、失読症学級などに配置する、④いじめの対象になった子どもは、転校や学校形態を変えることによって通常の授業から遊離する（Börjesson & Palmblad, 2003）。

（4）特別な支援を必要とする子どもへの支援教育のあり方を左右する障害モデル

　困難な状況に置かれているゆえに、特別な支援を必要とする子どもへの支援教育のあり方や内容に関する議論を左右してきたのが、障害に対するとらえ方である。障害のとらえ方は、基本的に医学・個人モデルと社会モデルの二つに分けられる。医学・個人モデルは、先天的あるいは後天的な損傷や疾患が機能障害を生じさせる原因だとみなす。したがって、医学的診断に基づいた治療的な介入や、特別な対応によって、個人を正常な状態に近づけていくことを目的とする解決の仕方を優先する（個人や社会問題の医療化と呼ばれる）。子どもが診断名を得ることによって、親の罪悪感や不安が軽減され、必要な支援資源の確保が容易になる。学校局も、学校教職員が学級や学校において必要だと判断した支援ニーズよりも、専門家の診断や意見に耳を傾け従おうとする傾向が強いことを指摘している（Skolverket, 1998）。

　それに対して社会モデルは、障害を生み出す社会環境と、多様な社会領域に存在する障壁に焦点を当てて障害を理解する。使用や利用が困難な形で構築されている社会構造・組織によって生み出されるのが障壁であり、これらの障壁が通常の社会生活の形成や社会参加を妨げているととらえる。解決の一歩は、まずこれらの障壁を除去することである。教育機関や労働市場などにおいて、一般社会から遊離させられた差別的処遇、利用不可能な物理的環境や十分な適応対策が施されていない学校や授業環境などが、そのような障壁の一例である。ゆえに、社会モデルは、目標としてすべての人が非障害者のように正常者になるべきであるという意味での正常化という概念を疑問視する。社会モデルは、医学・個人モデルが個人の機能障害や理解力などの能力の欠如や低下を、あまりにも重視しすぎると批判する。しかし、通常のニーズを満たす上で「特別（教育）ニーズ」という概念は必要だとし、子どもによっては、特定の補助器具や

授業における特別対応が必要となる特別な状況がありうるととらえる。

　これらの障害に対する異なったとらえ方は、困難な状況に置かれているために、特別な支援を必要とする子どもたちに対する授業形態に関しても、異なった見方をもたらしてきた。医学・個人モデルは、児童生徒個人の問題や困難を重視した特別授業モデルが当然必要だとみる。したがって、特別ニーズの確定は、児童生徒が読んだり、書いたり、計算するなどの能力が不十分であり、それによって通常の知識習得や学習目標が達成できないことを出発点とする。判定方法としては、スクリーニング・テスト、診断テストやハビリテーション分野などの専門家の判定を重視し、適用する。主な優先対応法は、子どもが適応できる個別的支援や個別能力訓練となるため、統合の可能性は限られることになり、したがって授業の分離・差別化が進む傾向が生み出される。

　社会モデルは、機能低下・障害のある児童生徒が、特別な形態で授業を受けざるをえなくする物理的及び制度的な障壁を問題視する。さらに社会モデルは、単に学校の建物などの物理的環境に所在する障壁の除去だけではなく、授業形態そのものを個人に適応させることを重視する。すなわち、すべての子どもが利用できる柔軟な学校教育組織にするためには、学校全体を改善する意図的で計画的な戦略が必要だとみる。学校の権威・形式主義的な組織や専門家主導の事業形態では、授業において特別なニーズのある児童生徒が体験する諸問題を解決することは難しいことを指摘する（Lindqvist, 2013）。しかし、授業を混乱させる子どもに対する特別授業による対応は、学校教職員、医師や臨床心理士などの専門家からみて一つの選択肢としてありえると考える。

表　障害のある児童生徒の特別授業に対する２つのとらえ方

	個人モデル	社会モデル
障害に対するとらえ方	個人が有する損傷、疾病、逸脱を重視する	環境に存在する障壁に焦点を当てる
特別ニーズの判定基礎	知識目標が達成できない、不十分な理解力（読む、書く、計算する）	可用性の不足・不十分さ、柔軟さに欠ける環境の不十分な適応
判定方法	スクリーニング・テスト、診断	障害を生み出す状況や環境の判定
優先支援対策	個別に適応した支援対策（個別能力訓練、ハビリテーションなど）	障壁の除去、学校環境や学校事業組織の適応や改善

（5）「特別な支援を必要とする（状況に置かれている）子ども」とは

　今日のスウェーデンでは、何らかの障害のある児童・青少年の大半は、普通の学校に通っている。就学前学校から高等学校に至るまでのナショナルカリキュラムによれば、授業はすべての児童生徒の条件とニーズに適応した形で実施されなければならない。学校法（SFS 2010:800）は、通常の学習目標に達することが難しい児童生徒には、児童生徒が必要とする特別な支援が提供されなければならないとし、児童生徒が支援を得ることは無条件の権利だと明記している。支援がどのような形態で提供され、支援の対象となるニーズがどのくらい大きいものであるかは、学校長が最終的に判定することができる。児童生徒に特別な支援ニーズがあると判定されれば、支援プログラムの作成義務は学校に課せられ、また支援内容は定期的に評価されなければならない（Skolverket, 2012）。

　就学前学校は、すべての子どもの最大限の成長を図り、子どもたちにとって興味深く・楽しく、安心できる有益な事業を提供しなければならない。就学前学校の基盤は一体化されたケア・発達・学習に置かれ、子どもの最善を教育の出発点に据える。学校法及び就学前学校ナショナルカリキュラムは、就学前学校にすべての子どもに対する最善の対応とともに、他の子どもたちよりも一時的あるいは常時支援や励ましを必要とする子どもには、必要な支援を提供しなければならないことを要求する。すなわち、就学前学校は特別な支援を必要とする（状況に置かれている）子どもの状態を的確に把握し、必要な支援を提供する責務を負う。しかし、法文には特別な支援ニーズのある子ども、あるいは特別な支援を必要とする子どもとは誰かという概念の明確な定義や、就学前学校において支援が提供されなければならない前提条件とは何かは明記されていない。その主な理由は、特別な支援ニーズはその理由とともに多様であるため、一義的な定義が不可能に近いことによる。

　「特別な支援を必要とする（状況に置かれている）子ども」の判定や定義は、大人の視点から行われるため、「子どもが問題を生み出す」というとらえ方が出発点におかれがちであることが問題視される（Lutz, 2013）。多様な専門家による正常／異常・逸脱の判断の対象として中心に据えられるのが、子どもの言行動である。特別な支援を提供する目的は、支援を必要とする子ども、学校事業や社会に利益（好結果）をもたらすことにある。

　「特別な支援を必要とする（状況に置かれている）子ども」とはどのような子どもなのか、解釈や定義の難しい概念である。この概念と大きく関連するの

が、「正常」と「異常・逸脱」の概念である。どの子どもが正常であり、どの子どもが異常である（正常ではない・逸脱する）のかという問いに対する明確な答えはなく、基準や境界線の設定に関する議論は限りなく続けられてきた。また、とらえ方自体も時間とともに変化を遂げてきた。

　就学前学校法の制定（1975年）の背景となった1968年の保育所調査委員会が、初めて「特別な支援ニーズをもつ子ども」、及び「特別なニーズをもつ子ども」という概念を用いている（SOU 1972:26 & 27）。調査委員会は報告書において、身体的機能低下及び精神的、情緒的、社会的、言語的困難のある子どもを、対象グループとして定めている。

　1970〜1980年代には、困難な状況に置かれている子どもに対する学校の特別責任が求められるようになった（Hirschfeld & Jonsson, 2013）。子どもの様々な発達条件に対して対応できる寛容性と対応能力を、就学前学校の事業に求めるものであった（Skolverket, 2005）。対象グループとして挙げられたのが、まず多種多様な医学的機能障害と精神遅滞・知的障害、視力・聴力障害などの機能障害のある子どもと、次に集中困難、学習困難、言語障害、情緒的・精神社会的困難、難民子弟や虐待を受けた子どもたちが包括されるように、対象とする困難の種類は実に多様で広範囲にわたるものであった。

　1990年代に入ると、障害の相対的概念の社会的浸透とともに、特別支援という概念の解釈や使用が変化させられていった。すなわち、「特別なニーズをもつ子ども」（スウェーデン語 "barn med särskilda behov"）から、「特別な支援を必要とする（状況に置かれている）子ども」（スウェーデン語 "barn i behov av särskilt stöd"）へと置き換えられた。ここで重視されたのは、子どもの困難は子ども自身に固定的に付随するものではなく、環境との関係において生じ、変化しうるものだというとらえ方であった。子どもの属性としてとらえる固定的・絶対的な定義方法から、環境に左右される流動的・相対的な状態を意味する弾力的な定義方法に移行させられたといえる。また、"med"（英語 "with"）から "i"（英語 "in"）への前置詞の置き換えによって明確にされたことは、支援（を必要とする）ニーズはあらゆる状況において個人につきまとうという固定的・常時的な見方ではなく、特別な支援は一時的・過渡期的でありえることの指摘でもあった。特別な支援を必要とする子どもは、果たして特定の子どもだけなのか、他の子どもたちは特別な支援を必要としないのか、むしろすべての子どもが一時的に（あるいは一定の時期に）特別な支援を必要とするのでは

ないかという問いは、先述したように近年の議論においても引き続き取り上げられている（Gustafsson, 2003）。

　1990年代初めは、医学研究、特に遺伝学分野が著しく発展した時期であった。その影響を受けて、子どもの逸脱・異常に関する病因論的説明モデルは、遺伝学的説明モデルに置き換えられ、たとえば自閉症の遺伝子などが注目されるようになった。心理学から精神医学への転換は、「特別な支援を必要とする（状況に置かれている）」子どものとらえ方や定義にも影響を与えたといえる。社会庁が使用する下記の集中困難、運動知覚障害、言語・音声機能障害などは精神神経疾患の診断名だといえる。

　　「たとえば、身体障害、精神遅滞・知的障害、聴力・視力障害などの多様な困難度の障害のある子どもは、特別支援ニーズのある子どもの全体数からみると、相対的に小さい存在である。著しく大きなグループは、不明瞭で解釈の難しい問題のある子どもたちである。その子どもたちとは、多様な軽度の機能障害、生物学的根拠による発達障害、たとえば集中困難、運動知覚障害、言語・音声機能障害などのある子どもたちである。さらに、情緒的、心理社会的困難のある子どもたちや、（虐待などの）リスクにさらされた子どもたちである」（Socialstyrelsen, 1995:2, p.49）

　医学的診断の是非を問う議論もある。「機能障害化」現象と呼ばれるのが、子どもと学校環境の相互作用によって生み出される多くの困難を、機能障害として定義する傾向である（Nilholm, 2012）。しかし、どのような学校問題が個人の機能障害の原因となりうるのか、機能障害のある子どもたちはどのくらい存在するのか、という問いに対する明確な答えはない。診断名の正当性を維持するために、一つの診断名をさらに細分化する、あるいは、サブ・グループを新たに設けていく診断名分割現象も指摘される。しかし、医学的診断名さえはっきりすれば、問題が解決するわけではない。多様な機能低下や障害のある子どもに対して、どのような形態の教育学的アプローチをすべきであるかというガイドラインを設けるには、診断名自体は極めて不明瞭で不適格な手段であるともいえる。たとえば、自閉スペクトラム症という診断名は、子どもの教育において明確な構造や準備を必要とし、多様な形態による視覚支援を必要とする。しかし、診断名から出発すると、診断名の下に教育学的アプローチが

閉じ込められてしまい、個別的に対応することよりも、診断が指摘する子ども
もの心身的問題に依拠した対応になりやすい危険性が生じることが指摘され
る。また、診断された子どもに対する教育学的責任は、特別支援教育指導教員
（specialpedagog：教員資格を取得した後、最低3年間の実践を経て履修できる
特別支援教育のための90単位の専門教育を修了した教育者で、特別支援教育
を必要とする幼児・児童・生徒に対して、担任教員や特別支援教員を通して間
接的に指導することが多く、学校の学習環境を発展させることを主な任務とす
る）、特別支援教育教員（speciallärare：就学前学校、基礎学校、高等学校や成
人教育機関において特別支援ニーズのある児童・青少年や成人のために、教育
現場で実際に直接対応する教員）やアシスタント、ひいてはハビリテーション
職員などのいわゆる「専門家」に委ねられるべきだという見方に偏りやすい。
　「すべての子どものための学校」というスウェーデンの学校の理念は、すべ
ての子どもが全く同じように・等しく対応されるべきであることを意味するの
ではない。すべての子どもが携える個人的な条件を出発点として、他の子ども
たちと同じように発達する可能性を得られる学校であることを意味する。それ
には、一人ひとりの生徒にとってもっとも好ましい学習条件を実現するために、
教育者は十分な教育体制を構築する必要がある。場合によっては、生み出され
る困難の多様な側面を相互に関連付けることができる、具体的かつ体系的な試
みや対応が必要となる。困難の個別化という解決は、困難な状況に置かれた子
どもに対する特別対応という、個人に焦点を当てた次元に制限されるため、集
団や組織レベルでの解決の可能性が軽視されがちな傾向を生み出してきた。家
庭での個別対応では効果の見られない子どもが、就学前学校のグループによる
集団力学的対応には前向きな反応を示すというように、集団が個人に与える肯
定的な影響力（個人を突き動かす力）は、支援対策の内容を決定するに当たっ
て大きな可能性を持つことが指摘され、重視されてきた（Lutz, 2013）。

（6）特別な支援を必要とする子どもへの対応の現状と課題
　就学前学校の責務は、すべての子どもが各々の条件から出発して、可能な限
りの発達を図ることができる事業を提供することにある。ケア・発達・学習は
一体をなすものとして位置付けられ、子どもの最善が教育の出発点に据えられ
る。学校法や就学前学校のナショナルカリキュラムは、すべての子どもに適応
した事業を組織化し、一時的あるいは常時他の子どもたちよりも多くの支援と

刺激を必要とする（状況に置かれている）子どもへの支援の保障を、就学前学校の責務として求める。すなわち、就学前学校は、通常のニーズを満たすために特別な支援を必要とする子どもに注目し、支援を提供する責務を求められる。最大責任を負うのは就学前学校責任者である。

　しかし、学校法（SFS 2010:800）やナショナルカリキュラムには、特別な支援を必要とする子どもとはどのような子どもであり、特別な支援が提供されるべき条件とは何かという明確な定義はなされていない。この分野における研究も比較的少なく、また特別支援に関する就学前学校の事業は、学校監査の定期的な監査対象や領域に含まれないことから、就学前学校の特別支援事業に関する知識生成は遅れていることが問題視されてきた（Skolinspektion, 2017）。ただ、数少ない先行調査によって指摘されていることは、特別な支援を必要とする子どもに必要な支援が、通常の学習環境において十分に提供されていないこと、就学前学校の教職員が子どもの発達や学びを正確に判定することの重要性を十分に理解していないため、支援ニーズを十分に把握できないリスクなどであった。

　このような背景を踏まえて、政府は2015〜2017年、学校監査機関（Skolinspektionen）に就学前学校の事業の質と目標達成に関する監査を命じ、特別支援事業に関する監査報告書が提出された（Skolinspektionen, 2017）。報告書は、就学前学校が特別支援事業をどのように準備し、どのような方法で子どものニーズに注目し、通常の学習環境で支援を行っているか、支援にあたる教職員を支える支援機能や支援構造が十分に確保されているかどうかを主な調査内容とし、全国的に無作為抽出した35校を対象に、関係者の面接調査、観察、事業記録等の文書分析による評価を行った。就学前学校において特別支援を必要とする子どもの存在数に関する正確な統計はないが、2010年のある調査では約20％、同年の他の調査では17％を占めることが推定されている（Skolinspektionen, 2017）。

　監査によって明らかになったことは、特別な支援を必要とする状況に置かれている子どもたちに対する対応には、調査対象校の間で質的な相違があることであった。調査の結果が重要な意味をもつのは、学校法（SFS 2010:800）が掲げる理念である教育を享受する対等な権利と可能性（第8条）、同等・同値の教育（第9条）、子どもの最善（第10条）からみて、就学前学校における子どもの教育を享受する機会（条件）が「平等」ではないことにあり、不平等が現存する事実である。

　十分に機能する支援対応をしていた学校は、調査対象校の3分の1であった

が、これらの学校では教職員が特別な支援に関する知識と共通の認識や理解をもっており、子どもの特別支援ニーズに関心を払い、子どもの状況を調査し、ニーズの分析を行い、効果的な対応策を行っていた。また、教職員はニーズの分析結果に基づいた子どもへの支援対応を、通常の学習環境で可能な限り試みていることであった。しかも、支援対応策は定期的に追跡され、評価されていた。また、就学前学校は教職員が対応を振り返り、評価する時間を確保するとともに、能力向上を図り、特別支援教育指導教員（specialpedagog）を始めとする外からの支援資源を利用し、援助・指導を受けていた。

反面、調査対象校の3分の2は、特別支援事業を改善する必要があることが明らかにされている。子どもの支援ニーズを調査し、分析し、記録し、追跡し、評価する体系的な対応方法が不十分、あるいは欠落していることが指摘された。時には支援対応が試みられているが、子どものニーズの分析に基づいた継続的対応がされていないこと、支援ニーズや対応の仕方に関する教職員間の共通の認識や理解が往々にして不足し、特別支援に関する話し合いが十分に行われておらず、すべての子どもが何らかの支援を受けているのではないかという程度の認識にとどまっていることであった。通常の支援に対して特別な支援とは何かという境界線や基準の設定が、就学前学校間で大きく異なることも明らかにされている。

監査報告書は、特別な支援を必要とする状況に置かれている子どもに対する最適な対応は、いくつかの段階によって構成される一つのプロセス「子どものニーズに注目する→ニーズを調べる→分析する→支援対応策を決定する→支援過程を追跡し→定期的に評価をする→支援対応策を再検討する」としてとらえるべきだと指摘する。プロセスを構成するそれぞれの段階が次の段階のための踏み石となるために、一つの段階を飛び越えたり、省いたりすることは支援を前に進めることを困難にし、体系的な支援対応として成り立たなくなる危険が生じることを警告している。たとえば子どものニーズが明確に分析され、確定されていないと、子どものニーズを充足させる最適な支援対応を決定できないように、全体の支援プロセスに重要な影響をもたらす。また、支援内容が追跡され、定期的に評価されないと、子どもの特別な支援ニーズが変化しても、支援内容が変化しないという結果をもたらす危険性が高くなる。

監査によると基本的な問題は、多くの教職員が特別支援という対応は首尾一貫した一つのプロセスとして成り立ち、それぞれの段階がどのように相互に関連し合うのかを十分に理解し、認識していないことであった。大半の就学前学

校では、教職員は子どものグループや個別の子どもについてはそれなりにお互いに話し合ってはいるが、就学前学校の責務としての支援対応に関する討議や、どのように事業として行われるべきであるかという共通の認識が不足していることであった。共通認識の不足がもたらす問題は、支援対応が認識のある一部の教職員に任されてしまうことによって、普遍的にならないことであった。

　学校監査報告書は調査結果を踏まえて、これらの学校が改善すべき点としていくつか指摘する。就学前学校責任者は、就学前学校に特別支援の責務が求められることを、ナショナルカリキュラムに基づいて関係者全員に明確に提示する必要がある。さらに、責務に対する教職員の共通の認識を深め、子どもの支援ニーズに対する注目、調査、分析という体系的かつ専門的な仕事の仕方、行った支援内容の追跡と定期的な評価、コンサルタントやスーパービジョンによる教職員の能力向上などの対策を要求している。報告書が指摘するもっとも重要なことは、特別な支援を必要とする子どもたちに発達と学びのための最適な条件が与えられていないことであり、質向上を必要とする就学前学校が存在する限り、そこに通う特別な支援を必要とする子どもたちは、権利を有するにもかかわらず、必要な支援を得られていない事実であった。これらの事実から監査報告書が重要視したことは、支援を必要とする子どもたちが学び、発達する可能性を損なわれる危険性とともに、これらの子どもたちが得られる教育が、他の子どもたちの教育と同等・同値ではない結果をもたらすことであった。最後に、就学前学校の責任者に対して、学校が好ましい条件を整えることができるように、コミューンが必要な資源を確保し提供する重要性を指摘している。

現行制度：

　2017 年の時点で、全国の 9,791 か所に就学前学校が存在し、51 万人の子どもが利用しており、10 年間に 9 万人増加している（Skolverket, 2017b）。就学前児童は、1〜5 歳の児童総数の 84％、4〜5 歳児グループは同年齢の児童総数の 95％を占める。1 グループの大きさは、平均 15.3 名で 2014 年（16.9 名）から比べると減少している。3 歳までの年少グループの大きさは平均 12.4 名である。フルタイム就労の職員が担当する子ども数は平均 5.1 名である。職員総数は 10 万 8,580 名で、就学前学校責任者合計 4,770 名である。

　コミューンは希望する 1〜5 歳児に対して就学前学校への入学を保障しなければならない。失業中あるいは子どもの兄弟の育児有給休暇中の親をもつ子どもに対しても、同じ責務を負い 1 日最低 3 時間（週 15 時間）の学校生活を提供しなければならない。3 歳以上の子どもに対しては、525 時間の無償提供を義務付けられる。

引用文献

- Antman, P.(1996)*Barn och äldreomsorg i Tyskland och Sverige. Sverigedelen.* Stockholm: Norstedts förlag.
- Börjesson, M. & Palmblad, E.(2003)Introduktion, i Mats Börjesson & Eva Palmblad（red.）*Problembarnets århundrade. Normalitet, expertis och visionen om framsteg.* Lund: Studentlitteratur.
- Childs, M.W.(1936)*Sweden. The Middle Way.* New Haven: Yale University Press.
- Dahlberg, G. & Åsen, G.(2011)Loris Malaguzz och den pedagogiska filosofin i Reggio Emilia, i Anna Forsell（red）*Boken om pedagogerna.* Stockholm: Liber.
- Dahlstedt, M. & Olson, M.(2016)*Utbildning, demokrati, medborgarskap.* Malmö: Gleerups Utbildning.
- Englund, T.（red）(1995)*Utbildningspolitiskt systemskifte?* Stockholm: HLS förlag.
- Englund, T.(2005)*Läroplanens och skolkunskapens politiska dimension: Olika utbildningskonceptioner med speciell hänsyn till medborgerlig och politisk bildning.* Göteborg: Didalos.
- Englund, T. & Quennerstedt, A.(2014)Likvärdighetsbegreppet i svensk utbildningspolitik, i Tomas Englund & Ann Quennerstedt（ed）*Vadå likvärdighet? Studier i utbildningspolitik språkgranskning.* Göteborg: Didalos.
- EU-kommissionens avdelningar(2000)*Memorandum om livslångt lärandet.* Stockholm: Utbildningsdepartementet.
- Fejes, A. & Dahlstedt, M.(2012)*The confessing society: Foucalut, confession and practices of lifelong learning.* London: Routledge.
- Gunnarsson, L., Martin Korpi, B. & Nordenstam, U.(1999)*Early Childhood Education and Care Policy in Sweden.* Background report prepared for the OECD Thematic Review.
- Gustaffson, L.(2003)*Kvalitet inom elevhälsan- vad är det och hur kan den mätas? Att arbeta med särskilt stöd – några perspektiv.* Skolverket.
- Hatje, A-K.(1995)"Folkbarnträdgården i Norden – det goda hemmets politik", i Marja Taussi Sjöberg & Tinne Vammen（red）*På trösken till välfärden,* Stockholm: Carlsson.
- Hirschfeld, A. & Jonsson, A.(2013)*Begreppet "barn i behov av särskilt stöd i förskolan. Normal eller avvikande?* Institutionen för pedagogik, didaktik och utbildningsstudier, rapport nr 2013vt00378, Uppsala universitetet.
- Isaksson, A.(1996)*Per Albin III · Partiledaren.* Stockholm: Wahlström & Widstand.
- Lgr62（1962）*Läroplan för grundskolan 1962.* Allmän del. Skolöverstyrelsen.
- Lgr69（1969）*Läroplan för grundskolan 1969.* Allmän del. Skolöverstyrelsen.
- Lgr80（1980）*Läroplan för grundskolan 1980.* Allmän del. Skolöverstyrelsen.
- Lgr11（2011）*Läroplan för grundskolan, förskoleklassen och fritidshemmet.* Skolverket.
- Lpfö98（1998）*Läroplan för förskolan Lpfö98.* Skolverket.
- Lpfö18（2018）*Läroplan för förskolan Lpfö18.* Skolverket.
- Lpo94（1994）*Läroplan för det obligatoriska skolväsendet, förskoleklassen och fritidshemmet.*

Utbildningsdepartementet.
· Lindqvist, G. (2002) *Lek i skolan*. Lund: Studentlitteratur.
· Lundgren, U., Pettersson, S. & Åsén, G. (2013) Från Sputnik till Reggio Emilia – notering om hur forskning blir till, i Marie-Ann Colliander, Lena Stråhe & Christian Wehnev-Godée. (red) *Om världen och omvärlden*. Stockholm: Liber.
· Lutz, K. (2013) *Specialpedagogiska aspekter på förskola och skola. Möte med det som inte anses LAGOM*. Stockholm: Liber.
· Martin Korpi, B. (2006) *Förskolan i politiken – om intentioner och beslut bakom den svenska förskolans framväxt*. Utbildningsdepartementet.
· Myrdal, A. (1935) *Stadsbarn. En bok om deras fostran i storkammare*. Stockholm: Kooperativa Förbundets Bokförlag.
· Myrdal, G. & Myrdal, A. (1935) *Kris i befolkningsfrågan*. Stockholm: Bonniers.
· Nilholm, C. (2012) *Barn och elever i svårigheter – en pedagogisk utmaning*. Lund: Studentlitteratur.
· Nurse, A. (2005) Inkludering, i Lesley Abbott & Cathy Nutbrown (red) *Erfarenheter från Reggio Emilia*. Lund: Studentlitteratur.
· OECD (2001) *Starting Strong: Early Childhood Education and Care*.
· OECD (2006) *Starting Strong II: Early Childhood Education and Care*.
· OECD (2011) *Starting Strong III: Early Childhood Education and Care*.
· OECD (2015) *Starting Strong IV: Early Childhood Education and Care*.
· OECD (2015) *Starting Strong V: Early Childhood Education and Care*.
· OECD (2017) *Starting Strong Key OECD Indicators on Early Childhood Education and Care*.
· Palla, L. (2011) *Med blicken på barnet: om olikheter inom förskolan som diskursiv praktik*, Malmö studies in educational sciences No.63, Malmö: Malmö högskola, Lärarutbildningen.
· Regeringens proposition 1963:36 *Vuxenutbildning*.
· Regeringens proposition 1975/76:92 *Utbyggnad av barnomsorg*.
· Regeringens proposition 1978/79:180 *Om läroplan för grundskolan*.
· Regeringens proposition 1984/85:209 *Om förskola för alla barn*.
· Regeringens proposition 1992/93:100 *Budgetpropositionen 1993*, Bilaga 9.
· Regeringens proposition 1995/96:206 *Vissa skolfrågor m.m.*
· Regeringens proposition 1997/98:6 *Förskoleklass och andra skolfrågor*.
· Regeringens proposition 2001/02:80 *Demokrati för det nya seklet*.
· Regeringens proposition 2017/18:9 *Skolstart vid sex års ålder*.
· Skolinspektionen (2017) *Förskolans arbete med barn i behov av särskild stöd*.
· Skolverket (1998) *Särskilt stöd i grundskolan*. PM 2015-10-08.
· Skolverket (2001) *Strategi för Skolverkets arbete med de demokratiska värdena – en sammanfattning*.
· Skolverket (2004) *Förskola i brytningstid. Nationell utvärdering av förskolan*. Rapport 239.

· Skolverket (2005) *Handikapp i skolan. Den offentliga väsendets möte med funktionshinder från folkskolan till nutid.* Rapport 270.

· Skolverket (2008) *Tio år efter förskolereformen.* Rapport 318.

· Skolverket (2012) *Mer om elevers rätt till kunskap och särskilt stöd.* Juridisk vägledning.

· Skolverket (2017a) *Måluppfyllelse i förskolan. Skolverkets allmänna råd och kommentarer.*

· Skolverket (2017b) *Verksamheter och skolenheter hösten 2017.*
  https://www.skolverket.se/skolutveckling/statistik/snabbfakta-utbildningsstatistik#h-
  Verksamheterochskolenheterhosten2017

· Skolverket (2018) *Redovisning av uppdrag om en översyn av läroplan för förskolan.*

· Socialstyrelsen (1995) *Barnomsorgen i socialtjänstlagen.* Allmänna råd från socialstyrelsen
  1995:2.

· SOU 1944:20 *Skolan i samhällets tjänst.* Betänkande av 1940 års skolutredning.

· SOU 1946:31 *Skolutrednings betänkanden och utredningar. Skolans inre arbete. Synpunkter på fostran och undervisning,* del VI.

· SOU 1948:27 *1946 års Skolkommisions betänkande med förslag till riklinjer för det svenska skolväsendets utveckling.*

· SOU 1951:15 *Daghem och förskolor.* Betänkande av 1946 års kommitté för den halvöppna barnavården.

· SOU 1967:8 *Barnstugor, barnavårdsmanskap, barnolycksfall.* Familjeberedeningen

· SOU 1972:26 & 27 *Förskolan. Del 1 och 2.* Betänkande avgivet av 1968 års barnstugesutredning.

· SOU 1974:53 *Skolans arbetsmiljö.* Betänkande av Utredningen om skolans inre arbete.

· SOU 1975:33 *Barns uppfostran och utveckling.* Rapport från Barnmiljöutredningen.

· SOU 1985:22 *Förskola – skola.* Betänkande av Förskola–skola–kommittén.

· SOU 1990:44 *Demokrati och makt i Sverige.* Maktutresningens huvudrapport.

· SOU 1990:14 *Långtidsutredningen. Bilaga 22 Utbildning inför 2000-talet.*

· SOU 1991:54 *Skola – skolbarnsomsorg, en helhet.*

· SOU 1992:94 *Skola för bildning.* Betänkande för Läroplanskommittén.

· SOU 1993:16 *Nya villkor för ekonomi och politik.* Betänknade av Ekonomikommisionen.

· SOU 1994:45 *Grunden för livslångt lärande: en barnmogen skola.* Betänkande av Utredningen om förlängd skolgång.

· SOU 1997:21 *Växa i lärande.*

· SOU 1997:121 *Skolfrågor: Om skolan i en ny tid.* Slutbetänkande av Skolkomittén.

· SOU 1997:157 *Att eröva omvärlden: förslag till läroplan för förskolan.* Slutbetänkande av Barnomsorg och skolkommittén.

· SOU 1998:16 *När åsikter blir handling. En kunskapsöversikt om bemötande av pesoner med funktionshinder.*

· SOU 1998:66 *Utredningen om funktionshindrade elever i skolan.*

· SOU 2008:27 *Framtidsvägen – en reformerad gymnasieskola.* Slutbetänkande av Gymnasieutredningen.

· SOU 2015:81 *Mer tid för kunskap – förskoleklass, förlängd skolplikt och lovskola*. Betänkande av Grundskolutredningen.

· SOU 2016:38 *Samling för skolan. Nationella målsättningar och utvecklingsområden för kunskap och likvärdighet*.

· Tallberg Broman, I. (1995) *Perspektiv på förskolans historia*. Lund: Studentlitteratur.

· Tideman, M. (2000) *Normalisering och kategorisering: Om handikappideologi och välfärdspolitik i teori och praktik för personer med utvecklingsstörning*. Lund: Studentlitteratur.

· Thullberg, P. & Östberg, K. (1994) Inledning, i Per Thullberg & Kjell Östberg. (red) *Den svenska modellen*. Lund: Studentlitteratur.

· Toveby, L. (2010) *Hur Reggio Emilia filosofin refarerar till Lpfö98 – Barnsyn, kunskapssyn och mål för verksamheten*. Examensarbete inom lärarutbildningen. Göteborgs universitet.

· Wallin, K. (1996) *Reggio Emilia och de hundra språken*. Stockholm: Liber.

第 2 部

ルポ：スウェーデンの
幼児教育実践とヘルスケア

第3章 スウェーデンにおける就学前教育実践活動を通して

水野 恵子

1 レッジョ・エミリア・アプローチからインスパイアされた教育実践

（1）スウェーデンの就学前学校ナショナルカリキュラム（Lpfö98）

　スウェーデンでは 1998 年に就学前学校が社会サービス法から学校法に移行し、生涯学習につながる学校教育の第一歩と明確に位置付けられた。その結果、ナショナルカリキュラムの起草が Barnomsorg och skolakommitten（通称 BOSK：日本語に訳すと「保育所と学校審議会」）に委ねられ、就学前学校の最初のナショナルカリキュラムが作成された。以下に紹介するレッジョ・エミリア研究所で共同研究を進めてきた、ストックホルム教育大学（2008 年ストックホルム大学に統合）教授グニラ・ダールベリ（Gunilla Dahlberg）の助言を得た挑戦的な内容であった。それはナショナルカリキュラムの「発達と学習」の項目に反映されている[1]。

> 「就学前学校は、子どもが自分自身と周辺世界を理解し、成長することに貢献しなければならない。探究心や好奇心、そして学びの意欲を教育的な活動の基礎とすべきである。こうしたことは、子どもの経験や関心、ニーズと意見に基づいている。学びのなかに多様性が生まれるように、湧き出る子どもの考えやアイデアを大切にしなければならない」

（2）レッジョ・エミリア・アプローチの影響

　1981 年に ストックホルム現代美術館で世界初のレッジョ・エミリア・アプローチの展示会が開催され、9 万人が参加した。さらに 1986 年にも 2 回目の展示会「子どもたちの 100 の言葉」展も開催された。それ以来、驚きと同時に関心が高まり、10 年間で 3,000 人の保育者、研究者、国会議員、地方議員、行政担当者等が教育活動研修のためイタリアのレッジョ・エミリア市を訪問した。

展示会は子どもの作品を独自の方法で展示し、教育的ドキュメンテーションとして教育活動のプロセスやエッセンスが記録されている。「子どもたちの100の言葉」展はレッジョ・エミリア市で発展した保育へのアプローチの記録で、規模も大きく210もの大きなパネルと16の事例が展示された[2]。

　レッジョ・エミリア市の幼児教育を世界一と呼ばれる水準に高めたのはローリス・マラグッツィ（Loris Malaguzzi）である。彼の有名な「子どもたちの100の言葉」（I CENTO LINGUAGGIO DEI BAMBINI）の詩は、子どもはたくさんの異なる表現方法―絵、話す、書く、ボディランゲージ、動き、音楽、数学など―をもっていることを改めて気づかせてくれた。

　上述のレッジョ・エミリア・アプローチの展示会で衝撃を受けたグニラ・ダールベリィは以下のように述べている[3]。

> 「1970年代にスウェーデンでも対話教育法やテーマ活動が導入され、子どもの声を聴くことの大切さが謳われていた。しかし、レッジョ・エミリア・アプローチはさらに子どもと保育者が協同で探求的な活動に取り組み、一層深化した実践であった。もう一つは『教育的ドキュメンテーション』である。教育的ドキュメンテーションの作成は、保育者もまた子どもも活動を振り返り、親にも子どもの生活の情報を提供し、さらなる保育実践の深化を可能にする。」

（3）レッジョ・エミリア研究所

　1993年秋レッジョ・エミリア研究所がストックホルム市内に立ち上げられた。初代の研究所所長はハロルド・ヨートソン（Harold Göthson）、そしてグニラ・ダールベリィらはこの研究所の設立を通して、レッジョ・エミリア市とスウェーデンの研究者や保育者が密接に交流しあうようになった[4]。

　レッジョ・エミリア研究所の初代所長であったハロルド・ヨートソンは、研究所の機関誌『Modern Barndom』（年4回発行）の15周年記念版『Modern Barndom OM Reggio Emilia Insitutet 15 år』において、2008年に15年間の「レッジョ・エミリア研究所－協同の歴史」を紹介している[5]。以下、抜粋を示す。（本文献の掲載については、現在の所長であるグレガー・レスネス（Greger Rösnes）氏から許可を得ている。日本語訳は、訓覇法子氏にお願いした。）

レッジョ・エミリア研究所の歴史を振り返ると、重要な焦点はたえず民主主義の概念に関連付けられた学びに置かれてきた。

　カルラ・リナルディ（Carla Rinardi）は、2008 年の春に研究所で行った講義の中で、「民主主義が実践されているところでは、多くの場合継続的な学習が進行している」と述べた。レッジョ・エミリア市以外では初めてのレッジョ・エミリアの教育哲学に関する国際ネットワーク会議が、2007 年 6 月ストックホルムで開催された折にも、「私たちは学校を建設しているのではありません、世界的な民主主義的市民権を築いているのです、学校はそのための手段にすぎません」と語った。

　そして、この考え方こそが、レッジョ・エミリア研究所の歴史が何であるのかを捉えている。学習を協同プロセスとしてとらえ、学習における状況が、意味を生み出す個人の能力を決定するという見方をするのであれば、就学前学校や学校に対する見方にも挑戦しなければならないことが、この数年間において明らかになってきた。このことが最終的に、レッジョ・エミリア（教育哲学）につながった。この研究所はかくして、スウェーデンの教育学の支配的な考え方と対応を批判的に調査する中核的な（連結的な）存在となった。

　私たちがレッジョ・エミリア研究所という名称を採用したのは、世界的な民主主義的市民権への貢献として、子どもたちの能力と権利を可視化し守るために、レッジョ・エミリアで追求し続けられてきた努力に対する敬意を表すためであった。私たちはレッジョ・エミリアで行われたことを、転送して複製するだけではなく、その息吹と対話を用いて、ネットワーク形成とこれらの価値観を擁護するための出会いの場所を私たちの国で創りたかったのだ。

　民主主義的育成とは、すべての人が同じように考えるべきだということではなく、逆に「誰もが価値ある勝者」となれるように、子どもたちは交渉によって対立や矛盾を解決できるように育てられることである。

（注：カルラ・リナルディは、レッジョ・エミリア市にある幼児教育研究機関であるレッジョ・チルドレンの代表で、レッジョ・エミリア市の教育長歴任後、「マラグッツィ国際研究センター」の初代センター長も務めている。）

スウェーデンにおける就学前教育とレッジョ・エミリア教育哲学に共通しているのは、民主主義を土台に据えているところである。レッジョ・エミリア教

育哲学は、スウェーデンの就学前教育の発展にも、影響を与えている。そのような意味で、日本ではスウェーデンにおける就学前教育について、レッジョ・インスパイアードあるいはレッジョ・インスピレーションと呼称することもある。本章では、レッジョ・エミリア教育哲学の息吹を受けた教育実践を、レッジョ・エミリア・アプローチとして表記した。

（4）スウェーデンにおけるレッジョ・エミリア・アプローチの普及度

　日本でも教育的ドキュメンテーションやプロジェクト活動で有名なレッジョ・エミリア・アプローチについての関心がかなり広がってきているが、スウェーデンは世界の中で一番レッジョ・エミリア・アプローチが進んでいると言われている。それではスウェーデン全体ではどれくらい導入されているだろうか？

　レッジョ・エミリア研究所の所長グレガー・レスネスによると、「はっきりした割合はわからないが、研究所が発行している機関誌『Modern barndom（現代の子ども時代)』を購入している就学前学校は約 2,000 か所ある」ということであった（注：2016 年 10 月レッジョ・エミリア研究所を訪問した際のパーソナルコミュニケーション）。

　スウェーデン全体の就学前学校数は約 9,800 校であり、それから推測すると、全体の約 20％で取り組みが行われている可能性がある。一方で、ストックホルム市のホームページによると、ストックホルム市内の就学前学校を 11 種類の教育的アプローチに分類している。その中で、よく知られている教育的アプローチを挙げると以下の通りである。ストックホルム市内の就学前学校の総数は 926 校である。伝統的な就学前学校が 476 校、レッジョ・エミリア・アプローチが 192 校、モンテッソーリ教育が 36 校、天候にかかわらず野外で行う教育（Friluft & I Ur och Skur）が 23 校、シュタイナー教育が 18 校となっている。したがって、レッジョ・エミリア・アプローチの割合は約 21％であり、レスネス氏の推測に近い値であった（Kakor på förskola.stockholm）[6]。

2　保育実践の紹介

（1）就学前学校の学級を運営する資格と保育体制について

　資格については主に 2 種類あり、大学で 3 年半の養成課程を修了して得られ

る就学前学校教員資格ならびに職業高校の３年課程を修了して得られる准保育士（スウェーデン語でBarnskötare）資格である。その他、学級運営の補助員として保育補助員が在籍することもある。本章では、これら３種類の勤務者を合わせて、保育者と称する。

　就学前学校は基本的には１歳児（注：長期の育児休暇があるため０歳時保育はない）からであり、１歳から３歳未満と３歳から５歳の二つの年齢別グループに分けられていることが多い。３歳未満グループは保育者３人で就学前学校教員１人と准保育士２人、３歳以上のグループは就学前学校教員２人と准保育士１人が一般的である。しかし、実際の運用は多少流動的であり、保育者の人数が足りない場合には、保育補助員がチームに加わることもある。

　そして、レッジョ・エミリア・アプローチを導入している就学前学校は、ペダゴジスタやアトリエリスタと呼ばれる、レッジョ・エミリア研究所が出している資格を有する保育者を配置している。ペダゴジスタとアトリエリスタの両方を取得している人もいる。ペダゴジスタは就学前学校の教育活動を統括しており、通常はクラス担任をしない。しかし、既にペダゴジスタがいる場合はクラス担任として働き、ペダゴジスタの求人がある就学前学校に転出していく場合もある。アトリエリスタは芸術活動を統括する役割をもつ。ペダゴジスタとアトリエリスタの割合は筆者の体験から推測するとペダゴジスタのほうが多い。

　太田（2017）によると、1984年からレッジョ・エミリア・アプローチを導入した就学前学校の事例として、10年以上前から各クラスにアトリエリスタを配置して、本格的にレッジョ・エミリア・アプローチを実践するようになったという[7]。一般的な就学前学校では、アトリエリスタの配置は就学前学校全体で１名であるが、ここでは各学級に就学前学校教員、アトリエリスタそして准保育士（Barnskötare）が配置され、これら３名でチームを組んでいるということである（注：引用文献で用いられている用語について、本章での用語と整合性がとれるように一部改変した）。

　一般的には、各学級の担当者は、ペダゴジスタ、就学前学校教員、准保育士、保育補助員などの配置だが、上記のように各クラスにアトリエリスタを配置している充実したところもある。その一方で、一人の園長が５園も兼務したり、ペダゴジスタが何園も兼務している場合、ペダゴジスタとアトリエリスタの資格を持っている職員を配置している場合など、多様であり、同じ就学前学校と

はいえ、注意深く観察していく必要がある。

　以下の項では、レッジョ・エミリア・アプローチの教育方法にならった、プロジェクト活動の例をはじめに紹介し、続いて、プロジェクト活動ほどには計画され組織化されたものではないが、教育的ドキュメンテーションの方法を用いた、就学前学校での指導実践を紹介する。

（2）泡のプロジェクト

1）泡のプロジェクト活動概要（活動期間 2015 年 9 月～ 2016 年 5 月）

　ストックホルム郊外のスカルプネック地区にあり、レッジョ・エミリア・アプローチに関心を持ち、研究を進めてきたスモーヴェンネル（Små Vänner 小さな友だち）就学前学校を訪問し、「泡のプロジェクト活動」を観察する機会を得た。訪問したのは 5 月であったため、スウェーデンでは学年の終わりの時期にあたり、泡のプロジェクト自体は終わりを迎えていた。廊下には教育的ドキュメンテーションが所狭しと掲示されていた。

　この活動は、EU（欧州連合）プロジェクト－エラスムス－から基金を得てイギリス／バーミンガムのウェスト・ミッドランドのナーサリースクールとの共同研究として行われた。就学前学校におけるデジタル化の促進がそのテーマである。イギリスのナーサリースクール 6 校、スウェーデンの就学前学校 4 校が参加している（注：ナーサリースクールは両親が働いている日本の保育園に似た施設をナーサリースクールと称する場合もあるが、私たちが交流したナーサリースクールの 1 つは午前のクラスと午後のクラスに分かれていた）。決定権は施設にあるようで、園長によると、少しでも多くの子どもが保育を受けることができるように午前組と午後組にしたという。午前組が帰宅すると反省会とランチと午後組の準備と大忙しであった。

　この就学前学校の定員は 51 名で、1 ～ 3 歳未満の異年齢クラスで構成され、観察したクラスでは子どもは 12 名で保育者は 3 名である。保育者の内訳は、ペダゴジスタ 1 名と准保育士 2 名である。

　以下、ペダゴジスタによる説明とドキュメンテーションの写真をもとに泡のプロジェクトの活動を紹介していく。

　ペダゴジスタの説明：泡は子どもにとって身近なものである。シャボン玉やお風呂での石けんの泡など。きっかけとなったのは、よく森のなかに散歩に行

くが、ある時、水たまりがあり、そこに石を投げたり、長靴で水たまりに入ったりした。すると泡が立った。これがきっかけで泡がプロジェクトのテーマになった。子どもたちは泡に興味をもち、泡の動きにも興味をもった。どうしたらこれを発展させ、さらに深く子どもたちに伝えられるか、すなわち、どうやって泡を観察する興味を継続し、さらに深化させるには、どんな材料が必要で、探究心をもたせるにはどうしたら良いのか、ということを念頭に下記のような方針の下に進めた。

① 泡のプロジェクト活動の舞台は1〜3歳未満クラスのマルチステーションである。1つの大きな部屋でいろいろな実験が行える。ステーション（注：プロジェクト活動を様々に展開するコーナーそれぞれを指し、マルチステーションはステーションの総体）はいろいろな活動を同時進行で行える、それでマルチステーションと言う。子どもたちは自分で行きたいステーションに自由に移動する。

② プロジェクト活動においては必ずしも、正しい答えは求められない。子どもたちが疑問に思ったことをいろいろな観点から調べたり、喜びや興味を維持しながら新しい発見をするのをしっかり観察する。したがって答えを得るというよりさらに疑問をもつように促して活動の精度を高める。

③ マルチステーションには水道の蛇口と小さい流しがある。子ども自身で振り返りができるように子どもの目線の高さに子どもが描いた作品や写真などをドキュメンテーションとして貼り出すようにする。貼り出す重要性は子どもにとって大事な振り返りになり、次のステップに進む契機になるからである。

2）泡のプロジェクト活動の実践

① マルチステーションには1辺に2人くらいが立つことができる四角い水槽が2つ置いてある。子どもたちは一人ひとり小さなびんに水を入れてストローで泡を作ったり、大きな水槽に水を入れて何人かでストローで泡を作って遊ぶ。描画活動に進んでも、再びこの水槽に戻ってきてまたストローでの泡作りを何回も繰り返して楽しんだり試したりする（写真1）。

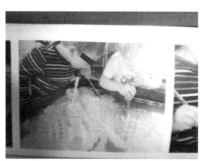
写真1　ストローで泡を作る様子

② 　子どもたちは泡の特質をいろいろな方法で調べている。子どもたちはい
　 ろいろな疑問を抱いているようだ。泡は何からできているの、大きさ、形
　 はどうなっているの。泡ってキャッチできるの。それからスプーンで実験
　 している。そのほかいろいろな方法で実験している。

③ 　小さい子どもは思考力があまり発達していないので、実物を見て感じる
　 ことが大切なので、描画活動を始める。遊んだすぐ後で、紙を渡している。
　 同時に同じマルチステーションで活動を行うので、描き始めると「どうだっ
　 たかなあ」ともう一度水槽で実験してみることもある。そうやって振り返
　 りながら描くことが、彼らにも面白いようだ。やってみて表現して、また
　 やってみて表現する。絵を描くというのはステーションでも大切な活動で
　 ある。疑問を持ち、それを描くことで、自分の調査を振り返り、再現し明
　 確にしていく。子どもたちはステーションでのチェックを終えると描画ス
　 テーションに行く。そして次のステーションの調査が終了すると、また、
　 絵を描きに行く。あたかも、各ステーションの調査結果を記録しているよ
　 うである。初めは同じ大きさの紙を渡していたが、子どもたちが泡の大き
　 さを話していたのを聴いたので、それをもとに色々な大きさの紙を用意す
　 ることに気がついた。色々な大きさの紙を用意した結果、子どもたちは大
　 きい泡、小さい泡を描いたり、それらを組み合わせて描き始めた。

④ 　マルチステーションには水槽で泡を作る子ども、泡を描画する子ども、
　 子どもたちが作っている泡がプロジェクターで写し出され、そのスクリー
　 ンの泡を掴もうとする子ども、泡を粘土で作る子ども、水槽で作っていた
　 泡がオーバーフローするのを楽しむ子ども、オーバーフローした泡を粘土
　 で表現する子ども、水槽にできた泡を全部つぶす子どもなど多種多様であ

る。(まさにローリス・マラグッツィの「子どもたちの100の言葉」にあるように、泡を色々な素材を使って表現している。)

⑤ 子どもの概念は異なった形や素材を比較することによって拡大される。紙製やプラスチック製の卵パックを切ったり潰したりして実験してみる。

⑥ プロジェクト活動の間、絵を沢山描いた。その中の一つは自分たちがマイクロスコープで撮った泡の写真を描いたものである。男の子は他の女の子が描いた泡の絵を参考にして描いている。彼は泡に色をつけ、自分が描いているものを説明している。子どもたちの間で自分たちの描いた絵を参考にしたり、さらに他の子がそれを参考に絵を描くということで、お互いに説明し合ったりするなかで、子どもたちのコミュニケーションが良くなっていった。

⑦ 他の子どもが書いた絵のコピーも使いながら、記録を残している(写真2)。

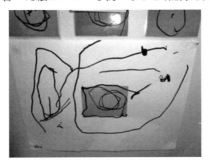

写真2　他の子ども達のコピーも活用した記録

真ん中の大きな紙の上方に小さな3枚の絵が貼ってある。これらは他の子どもたちが描いた絵のコピーである。子どもはそれらを並べ、いろいろな組み合わせをする。このように他の子どもたちの描いた絵のコピーも教材として使い、子どもはそれからインスピレーションをもらってさらに泡の絵を描いていく。また大きな紙の真ん中においてある小さな絵も他の子どもが描いた泡の絵である。それをインスピレーションとして使いながら大きな紙に自由に描いていく。このように他の子どもが描いた絵もインスピレーションを得るために積極的に活用している。

⑧ 色付きのガラスコップはライトテーブル(光のテーブル)で使う一種の教材である。

　ここでは石けんの泡を作った。iPadでアップした泡を調べ、そのあと泡

を粘土で作成したり、絵にも描いた。そしてライトテーブルに行って、色付きガラスコップを使って泡を作った。この子どもは各ステーションで学んだ他の教材を使いながら、他の場所で学んだことを生かしている。

⑨　泡の形に似たものを探しに近くの広場に出かける。写真3の左下は石と紙製の卵パック（泡の形に似ている）の上を歩いてみて、石は硬いことを知る。

　一番最近やったことで、泡の形とか模様、特徴などを調べたあとで iPad を持って、泡に似たものがあるかどうか調べてみようと近くの広場に行った。子どもたちはドキュメンテーションを作ることも見慣れているので、iPad を使って自分たちでドキュメンテーションを作っている。保育者が気づかないような穴を、「目だ！」と発見する。写真を撮った後で、大きく見えたり、実際より小さく見えたり、その違いを楽しんでいる。近づく場合と遠い場合と、違った大きさに見えることを発見して喜んでいる。広場の石壁の模様がマルチスコープで見た泡の模様と似ていることも発見する。マルチステーションで作る泡だけではなく広場にも泡があることを発見する。iPad を使うことで詳細に見ることができる。一人の子どもが石をさわりながら泡に似ているけれど、固いということを発見した。広場で発見したことをその場で絵に描いてみる。

写真3　泡の形をした石とタマゴパックの硬さの違いを調べる

⑩　iPad からプロジェクターを使い、壁に泡を作る（写真4）。子どもたちは iPad での動きと壁の泡の動きが一致するということを発見した。iPad を使っている子どもに、他の子どもが「自分のお腹にも泡を作って」と頼んで、上着をまくっている。このように子どもたち同士が互いに協力し合っている様子がわかる。

写真4　デジタルの泡

3）泡のプロジェクトから得られたこと

　保育者にはプロジェクト活動は年少児には難しいと思われており、一般的には4〜5歳を対象にした活動というイメージが強い。しかし、スウェーデンでは年少児を対象にしたり、1歳から卒園する6歳未満まで継続する長期のプロジェクト活動を実践しているところもある。

　ここで紹介したプロジェクト活動も3歳以上を対象とした活動に留まらず、年少の子どもでも偉大なる探求心をもっていることを検証する、1年にわたるプロジェクト活動である。その探求心は「小さい子どもは見て感じることが大切なので、描画活動へ進みやすくするように、遊んだすぐ後で、紙を渡している。同時に同じ部屋でやるので、描き始めると『どうだったかなあ』ともう一度実験してみることもある。そうやって振り返りながら描くことが、彼らにも面白いのです。やってみてまた表現して、やってみてまた表現する…」とあるように、実験をしてそれを描画しておしまいではなく、自分でイメージしたものと違うと、また実験してみるということを繰り返している。

　このことはマルチステーションの存在も大きな意味をもっていると思われる。壁面に貼られた泡プロジェクトのドキュメンテーションを見たとき、室内（単なるアトリエと理解していたがここはマルチステーションであることがわかった）で一人ひとり小さなびんに水を入れてストローで泡を作って遊んでいる写真があった（写真1）。また大きな水槽で何人かでストローで泡を作って遊んでいる写真もあった。飾られている写真を見たとき、初めに一人ひとりが小さなびんのなかにストローで泡を作り、その次に大きな水槽で何人かでストローで泡を作り、さらにストローで作った泡やカメラやマイクロスコープで撮影した泡を絵に描いていく流れであると単純に予想していた。しかし、実際

には活動の順序が決まっているわけではなく、泡を作るにしても一人ひとりで
やったり、みんなでやったりと何度も試みては探求を楽しんでいる。みんなが
一斉に同じことをするのではなく、一人ひとりが自分自身の要求に従って活動
し実験できる空間なのである。そして、マルチステーションは何度でも自分で
納得するまで実験ができる場所なのである。絵を描き始めても納得ができなけ
れば実験を繰り返すことができる場所であることがわかった。年少の子どもで
もしっかりとした探究心をもっていること、その探求心に応える仕掛けがマル
チステーションである。

　この年少児の泡のプロジェクトは子どもは幼い子どもでもマラグッツイの
「100 の言葉をもっている」ことを高らかに証言している[7]。

（3）教育的ドキュメンテーションを活用した保育実践

　続いて、ストックホルム市ツーセンショーナ（Tusenskönan：ひなぎく）就
学前学校の活動について述べる。2007 年 1 月に創立され、当初は 1 ～ 5 歳の異
年齢クラスでスタートしたが、年齢差が大きすぎて保育活動がうまくいかず、
2 年後、1 ～ 3 歳未満と 3 ～ 5 歳の異年齢クラスに変更した。観察当時は、1
～ 3 歳未満の異年齢クラス 14 名、3 ～ 5 歳の異年齢クラス 18 名で計 2 クラス
という構成であった。この就学前学校は移民・難民の子どもがほとんどであっ
た。この項では移民や難民の子どもたちに丁寧に寄り添いながら、自尊感情を
高められるように企図された保育実践を紹介する。活動によっては 3 ～ 5 歳の
異年齢クラス 18 名を 2 つのグループに分けていた（担当：就学前学校教員 2
名，准保育士 1 名）。第 1 項とは異なり、レッジョ・エミリア・アプローチに倣っ
たプロジェクト活動ではないが、ドキュメンテーションなどを取り入れた就学
前教育の実践例である。

1）民主主義の価値観を伝える

①　クラスの名前を選挙で決める

　就学前学校のナショナルカリキュラムの冒頭にある基本的な価値観－就学前
学校は民主主義という価値観の基礎の上に立っている－に則って、クラスの名
前も民主主義的に子どもたちが決めることを提案した結果、子どもたちが決め
ることになった。グーディス（Godis：駄菓子）、花、電車、トラ、太陽、月な
どが候補に挙がった。そして、子どもたちが投票して、民主主義的に多数決で

決めようということになり、グーディスに決まった（注：お菓子の量り売り、スウェーデンではグーディスと呼ばれ、スーパーには専用のコーナーが設けられている。スウェーデンでは土曜日の駄菓子（Lördagsgodis）と言われていて、1週間のご褒美に子どもは好きなだけ駄菓子を食べられるという）。

② 「グーディス郵便局」の実践

また、壁には次のようなドキュメンテーションが貼ってある。

「書くことや伝えることの喜び－理解することと表現することは他の子どもや大人との関わりのなかでの基本であり、また民主主義的な社会のなかで自分自身の声を発するということの核である」そしてその理念を実現するための1つの取り組みとして「グーディス郵便局」がある。「グーディス郵便局」は「子どもの遊びや興味からコミュニケーション能力や言語能力の発達のために機会や環境を与える」ものである。

2）「今週のグーディス組」の活動

写真5 「今週のグーディス組」の子ども

「今週のグーディス組」は、クラス担任の教員が子どもたちが少しでも高い自尊感情がもてるようにと考え出した活動である。毎週、グループのうちの1人が選ばれ、選ばれた子どもは友達から自分の長所を言ってもらう。

「今週のグーディス組」に選ばれたAに対して、

　　B：彼はアイロンビーズをやるのが上手

　　C：彼は車を運転するのが上手

などと8人の友達から長所を言ってもらう。こうした活動によって、Aも自

尊感情を高めることができ、子どもも友達の活動をただ漫然と見ているのではなく、意識的に見るようになり、友達の活動から学ぶことも多くなった。今週のグーディス組に選ばれた子どもだけでなく、他の8人の子ども全員の発言も顔写真付きのドキュメンテーションとして作成され、壁に貼ってもらえる。こうした一つ一つの丁寧な行為は子どもの人格を尊重していることの表れである。

　「今週のグーディス組」に選ばれた子どもは子どもたちがリサイクルで作った金色でペイントされた額縁に写真が飾られる（写真5）。額縁の上には金色の色紙でVECKANS GODIS「今週のグーディス組」と貼ってある。子どもたちがこうした小道具を工夫することも「今週のグーディス組」の活動を一層、盛り上げる仕掛けになる。

3）「わたしの日」

　1期に1回「わたしの日」が回って来る（スウェーデンは2期制であり、秋学期は8月下旬から12月、春学期は1月から6月上旬である）。「わたしの日」に選ばれた子どもは自分がしたいことを提案することができるが、9名全員が同じことをするという決まりになっている。たとえば子どもが博物館などに行きたいという提案をすると保育者は「今、電話するね」と電話する。そして、2日後に見学できるという結果を知らせる。そして子どもたちは「どこにあるのかな？」「どうやって行くのか？」と調べ始める。この活動についても選ばれた子どもの写真付きで以下の会話がドキュメンテーションとして壁に貼られている。

　これまで出てきた提案としては以下のようなものがあった。
- ソマリア出身の子どもが以前、ダンスミュージアムに親と一緒に行ったことがあって、みんなでダンスをすることを提案する。
- スロバキア出身の子どもがスロバキアにある教会に行きたいと提案する。みんなで以下のことを調べる－飛行機代はいくらかかるか？9人の子ども・保育者・親も行く場合の費用を計算する。その結果、費用が高いことがわかり、「わたしの日」にはできないことがわかる。それで別の提案をする。
- その他、かえるを描く、サッカーをする、歌を歌うなど

＜保育者と子どものやり取りの例＞
　　保育者：ナリッサラ、あなたの日に何をしたい？
　　子ども：あのね、私はあそこに行きたい。えっと。郵便局の車のあるところ。
　　保育者：郵便博物館のこと？
　　子ども：そう。
　　保育者：あなたの一番やりたいことがそれなのね？
　　子ども：そう。

以上のような活動によって
　●　落ち着きのない子どもが多かったが、落ち着いて話ができるようになった。
　●　「わたしの日」があることによって、自分が重要な存在であることが自覚
　　　できるようになる。
　●　新しいことを始めるのは大変なことであるが、子どもから湧き出てくる好
　　　奇心を満足させることができる。
と担任のMさんは語った。

4）まとめ
①少ない1学級の人数と保育者チーム
　スウェーデンでは1学級の人数は1、2歳児と3〜5歳児と年齢によって異
なる。
　異年齢学級が多いがレッジョ・エミリア・アプローチの導入などにより年齢
別学級も増加している。学級の人数には幅があり、おおよそ1、2歳児は12
〜15人、3〜5歳児は15〜25人である。
　学級全体でも18名というのは日本の一般的な1学級の人数（3歳児20名、4、
5歳児30名、各クラス保育者1名）と比較すると少なく保育条件として恵ま
れているが、それをさらに2グループに分けて小グループにできるのは、1学
級に3名の保育者がいるから可能となる。また、教育の責任は保育者チームに
委ねられている。質の高い保育は学級担当の保育者の対話から生まれる。最終
的な責任は就学前学校教員にある。日本にも「三人寄れば文殊の知恵」という
故事があるように1人では出てこないアイデアも複数で話せば良い知恵が生ま
れる。担任のMさんもこの実践は素晴らしい保育者チームだからこそできた
と感想を語った。

②民主主義の基礎を培う経験

一つ一つの活動が思いつきではなく明確な理念のもとで取り組まれている。それゆえに子どもたちも安心して活動に参加し充実感をもつことができる。また、自分の意見を表現したり、活動に影響を与えることや意思決定に参加することを経験することにより、民主主義とは何かを理解する基礎を培うことができる。

参考文献

1）白石淑江・水野恵子（2013）『スウェーデン 保育の今－テーマ活動とドキュメンテーション』かもがわ出版, 190.

2）Dahlberg, G., Moss, P., and Pence, A.,（2013）Beyond Quality in Early Childhood Education and Care：Languages of Evaluation, Routledge, 131.

3）白石淑江・水野恵子（2013）『スウェーデン 保育の今－テーマ活動とドキュメンテーション』かもがわ出版, 8-9.

4）バルバーラ・マルティン＝コルビ（著），太田美幸（訳）（2010）『政治の中の保育』かもがわ出版, 94.

5）Harold Göthson,（2008）"Reggio Emilia Institute – en kooperativ historia", *Modern Barndom* OM Reggio Emilia Insitutet 15 år, 16-23.

6）https://forskola.stockholm/（現在このホームページには就学前学校の名前、各就学前学校の概要（公立 521 校、私立 502 校、両親協同組合 64 校、職員協同組合や教会は少数のため私立に含まれている）と保育ママ 120 人しか記載されていない。最終閲覧日 2021.11）

7）太田素子（2017）「レッジョ・インスピレーションとスウェーデンの幼児教育」『和光大学現代人間学部紀要』第 10 巻, 59-75.

（補足）P99 で紹介した Små Vänner Förskola（2018.7 閉鎖）、P105 で紹介した Tusenskönans Förskola（2018 年近隣の大きな就学前学校のリニューアルで統合）は、共に閉鎖されており、現在は見ることができない。

第4章 スウェーデンにおける幼児期の医療的支援
－神経発達症群を中心に－

小野 次朗

1 神経発達症群のとらえ方

（1）神経発達症群のある子どもと保護者に対する医療の特徴

　神経発達症群（後で詳しく述べるが、自閉スペクトラム症、注意欠如・多動症、学習障害の大半などを含み、発達障害とほぼ同義と考える）に対する医師の役割について、これまでストックホルム、ヨーテボリ、イェブレの医療や教育機関を中心に視察した。そこで目にしたのは、病院の医師・看護師・作業療法士・言語聴覚士やソーシャルワーカー、特別支援教育指導教員（specialpedagog,第5章3節注2参照）などによるチーム医療であり、医師による指示によって動くヒエラルキーの構図をもつものではなく、それぞれの専門性を生かしながら合意形成を基に協働して、子どものニーズに応えていくという様相であった。

　神経発達症群の子どもに対する医療は、子どもに対するどのようなまなざしとアプローチを特徴とするのだろうか。それは、子どもの困難さの状態や問題とみなされる行動を、単に統計学的に分類するだけではなく、子ども一人ひとりの病態をチェックリストや状態から判断し、情緒面、認知面、社会性などの発達や、生活パターンや生活環境にも留意することを基本としていた。つまり、子どもへの対処が全体的であり全人的である。

　つまりアセスメントの結果を活用して子どもや保護者のニーズに応え、子どもに対しては、たとえば、目標とする適応スキルを伸ばし、自己コントロールを促すために、また保護者に対しては、たとえば、子ども理解や子どもに向き合うための適切な方法の学びなどのために、個別の支援を多領域の専門職によって検討していくのである。それゆえに、支援は、いわゆる医療の範囲にとどまらず、心理、福祉、教育的な要素を取り入れた支援計画が作られ、定期的にその成果を確認しながら、実践される。そのため、医療を管轄するレギオン（広域自治体）と、福

祉や教育を管轄するコミューン（基礎自治体）との、子どもの支援に対する連携もシステムとして重要になる。神経発達症をめぐる子どもの状況の判断が全体的全人的であるように、支援もまた全体的全人的であろうとする。子どもの気持ちに寄り添うだけではなく、保護者の気持ちにも時間をかけて寄り添っていく。こうして、病態の治療を進め、子どもの発達を促していく。

これらが、2010年から約10年にわたって、ストックホルム、ヨーテボリ、イェブレで視察し、検討会議に出席し、そして、就学前学校や基礎学校などに広げていく支援に同行した際に得た印象である。

本章では、神経発達症群についての医学的説明とともに、医療における、一人ひとりの子どもに向き合い、「治療」「治す」という言葉では言い尽くせない、子どもの暮らしや発達全体に関わっていく、スウェーデン医療の動向に目を向ける。それらの一例として、DSM-5という操作的診断基準（現象に基づいた診断基準のうち、何項目が該当していればその病気であるかという判断基準）や、ESSENCE（本章2節参照）によるチェック項目など子どもに対する医学的な視点から検討する。

（2）神経発達症（発達障害）に関わる医学的マニュアル

本章で述べる神経発達症（発達障害）の診断において、現在、世界的に用いられている基準としては、DSM（Diagnostic and Statistical Manual of Mental Disorders: 精神疾患の診断・統計マニュアル）とICD（International Statistical Classification of Diseases and Related Health Problems: 疾病及び関連保健問題の国際統計分類）が主流である。その中でも、アメリカ精神医学会が提唱したDSMは、2013年に改訂されてDSM-5（第5版）となり、研究会や視察の折に話した限りにおいては、精神疾患の診断基準として日本でもスウェーデンでもよく用いられていた。

日本語訳は、翌年の2014年に出版された[1]。発達障害関連では、注意欠如・多動症（以下、ADHD）、自閉スペクトラム症（以下、ASD）、限局性学習症（以下、SLD）等で表される診断名がある。なお、SLDという名称は日本ではなかなか広がりを見せず、現在でも教育における用語である学習障害（LD：Learning Disabilities）と呼ばれることが多いため、本稿では学習障害（以下、LD）を使用する。ASDおよびADHDについてはあとで解説する。

DSM-5では、新しく神経発達症群（Neurodevelopmental Disorders：NDD）

というカテゴリーが作成され、日本で発達障害としてまとめられることが多かった、ADHD、ASD ならびに LD の大半が SLD として一つのカテゴリーに含められた。LD という用語は、スウェーデンではほぼ知的障害（知的発達症）と同義に用いられることが多いので注意が必要である。日本で LD と呼ばれている状態は、スウェーデンでは、同じく神経発達症群にまとめられる発達性読み書き障害（ディスレクシア）と呼ばれることが多い。そのような観点から、本章では ADHD・ASD およびディスレクシアをまとめて呼ぶ場合には、神経発達症群と呼ぶことにする。

　本章では、DSM-5（2013 年発表）が提唱される以前の論文を引用する際、ASD の範疇に入ると考えられる、自閉症・自閉性障害・アスペルガー症候群などの診断名が使用されている場合には、表記上の混乱を避けるためすべて「ASD」の表記でまとめた。

1）DSM-5 における神経発達症群のカテゴリーに含まれる分類

　神経発達症群のカテゴリーに含まれる分類には、表 1 に挙げたものがある（表1）。本章では神経発達症群の中でも、ADHD・ASD について簡単に説明する。これまで視察したストックホルム、ヨーテボリ、イェブレなどにおいて、神経発達症群は、医療機関の診断では子どもの障害の中では圧倒的に多く、また、10 か所以上の就学前学校すべてにおいて、神経発達症群の範疇にある子どもに対する支援に取り組んでいたからである。

表 1　神経発達症群 / 神経発達障害群の下位項目（DSM-5）[1]

> ・知的能力障害／知的発達症・知的発達障害
> ・コミュニケーション症群／コミュニケーション障害群
> ・自閉スペクトラム症／自閉症スペクトラム障害
> ・注意欠如・多動症／注意欠如・多動性障害
> ・限局性学習症／限局性学習障害
> ・運動症群／運動障害群
> ・チック症群／チック障害群
> ・他の神経発達症群／他の神経発達障害群

① 　ASD（Autism Spectrum Disorder：自閉スペクトラム症）

　イギリスの自閉症研究者ローナ・ウィングが提唱した 3 つの大きな障害（ウィングの 3 つ組みとも呼ばれた）である、社会性・対人関係の障害、言語・コ

ミュニケーションの障害、想像力の障害が、診断において重要な要素であった。DSM-5 ではこれらに加えて、感覚過敏／鈍麻という要素が加えられた。診断はこれらの特徴から下されるが、実際の子どもたちでは ASD という診断があっても、二人として困難さが同じ子どもはいないと言われており、支援に際しては一人ひとりに適した、オーダーメイドの支援が求められている。

② ADHD（Attention Deficit/Hyperactivity Disorder：注意欠如・多動症）

　大きく分けて不注意症状が中心となる群と多動性−衝動性症状が中心となる群が存在する。さらに、これら2つの症状を併せもつ子どもたちもいる。不注意症状が中心となる場合、おもちゃの片付けができない、よく持ち物をなくす、人が話しかけているのに聞いていないように見える、といった症状が認められる。多動性−衝動性症状が中心の場合には、発達段階でしっかり歩き出す前に走る、ひとところにじっとしていられない、口が出る前に手が出る、といった症状が認められる。

　しかしながら、DSM-5 の診断基準では7歳以降の子どもたちを対象としており、就学前の子どもたちを診断するためのツールではないため、幼児期には本診断基準に合致しても、あくまでも疑いということで経過観察する必要がある。しかしながら、就学前であってもしっかり観察していくと、ADHD がかなり疑われる子どもたちに遭遇することがあるため、知識としてもっておく必要がある。また、現時点では、神経発達症群の中でも唯一、中核症状に対して保険適応が認められた薬剤が存在するため、必要な場合には躊躇無く使用することも肝要である。ただし、6歳未満ではまだ安全性は確認されていないため、必要と考えられる場合でも、使用に際しては慎重に、保護者への説明および承諾が不可欠である。ADHD もまた、支援に際しては一人ひとりに適した、オーダーメイドの支援が求められている。

　さらに、ASD と ADHD を併存している子どもや、神経発達症群のカテゴリー内での併存は珍しいことではない。この点については後述する。このことからも、子どもの病態や行動、困難さも一人ひとり異なり、そのため、子どもの支援ニーズも一人ひとり検討する必要があり、スウェーデンにおいては、この視点が医療現場で当然のごとく活かされている。

2）スウェーデンにおける ADHD および ASD のとらえ方

　1959 年、パザマニック（B. Pasamanick）は、多動性や衝動性を含む、行動

上・学習上に困難を示す子どもたちを、微細脳損傷（Minimal Brain Damage: MBD）という疾患概念でまとめた。しかしながら、1962年の国際小児神経学会において、「MBDには脳損傷の有無を明確に証明することは難しく、微細脳機能障害（Minimal Brain Dysfunction）という用語を使用しよう」と結論づけられた[2]。このMBDと呼ばれる子どもたちの中には、現在のADHDを中心として、ASDやLDの子どもたちも含まれていたと考えられている。日本でも1990年代まではMBDという診断が使用されており、薬剤としてメチルフェニデート（当時はリタリンという商品名の薬剤が使用されていたが、現在は徐放製剤のコンサータが使用されている）が投与されていた。その後DSM分類の中で、不注意症状を重視したADD（Attention Deficit Disorder：注意欠如障害）から、さらに多動性−衝動性も加味した、ADHDへと変遷した。

　スウェーデンでは、1982年にヨーテボリ大学児童精神科医のC.ギルバーグ（Christpher Gillberg）が、「当時スカンジナビアの国々では、MBDという用語が示すグループとして、知的障害がなく脳性麻痺もないが、注意欠如の症状に加えて、神経症状および知覚異常として、ある程度の症状を併せもつ子どもたちを指している」ことを発表した。そして、ADHDに加えて運動機能不全および知覚異常を示すことから、この一群に対して、DAMP（deficits in attention, motor control and perception：注意・運動制御・知覚に弱点のある）症候群と名付けて発表した[3]。DAMPという言葉は1990年代のスウェーデンの新聞でも用いられている。

　C.ギルバーグはその一方で、現在ASDと呼ばれている、当時の自閉症に対する研究の中で、アスペルガー症候群ならびに高機能自閉症（共に知的障害がない、あるいはあっても非常に軽微な群）と診断される6〜17歳の子どもたちについて検討し、1999年に、ASSQという指標を提案した[4]。これはAutism Spectrum Screening Questionnaireを略した名称で、当時の自閉症（なかでも知的障害が無いか、あるいはあっても軽度）の子どもたちをスクリーニングするために開発されたものである。27項目からなっており、それぞれの項目で0、1、2点を配点し、最重症の場合に54点になるが、一応22点をカットオフ値としており、22点を超える場合に自閉スペクトラム症を疑うという構成であった。ただし、ギルバーグ氏本人から聞いたところでは、明らかにアスペルガー症候群と診断された女児において、5点の得点に過ぎなかった例もあり、点数が低いからといって必ずしも自閉スペクトラム症を否定するものでは

ないということであり、臨床所見も重視して判断しているということであった。

　一方、日本でも神経発達症群に関する関心は高まってきており、そのきっかけの一つとして、文部科学省が2003年に結果を公表した「通常の学級に在籍する発達障害の可能性のある特別な教育的支援を必要とする児童生徒に関する全国実態調査」が挙げられる[5]。2003年の調査結果では、知的発達に遅れはないものの学習面又は行動面で著しい困難を示すとされた児童生徒の割合は、小学校および中学校の通常学級に在籍する児童生徒の約6.3％であることが示された。2003年の結果公表以降、2005年に発達障害者支援法が施行され、2007年には特別支援教育が本格的にスタートした。行動面の著しい困難には2種類あり、それぞれ「不注意」又は「多動性－衝動性」、あるいは「対人関係やこだわり等」の問題を著しく示すに分けられていた。前者はADHDを意識しており、後者はASDを意識していると考えられた。後者の「対人関係やこだわり等」に関するアンケート項目には、前述のギルバーグ氏らのASSQが用いられた。

　このように、神経発達症群の範疇に入る子どもたちについて、医学的知見においても、そのとらえ方については変化してきた。そして、現在スウェーデンにおいて、就学前の神経発達症群のある幼児について、ESSENCEという一つの視点が提唱されているので紹介する。

2 ESSENCE という視点

（1）就学前幼児に対する ESSENCE という視点

　先に述べた、児童精神科医のC.ギルバーグが、神経発達症群の範疇に入ると考えられる子どもたちの支援に対して、2010年にESSENCEというとらえ方を発表した[6]。これは、就学前の幼児期の場合、診断を下すよりも、子どもが示す困難と思われる状態とニーズに対応した支援を提供することが大切であること、そして、医師だけの判断によるのではなく、多職種の複数の専門職が一人の子どもを診察し支援する方法が理想であることを提言している。

　ESSENCEは、Early Symptomatic Syndromes Eliciting Neurodevelopmental Clinical Examinationsの頭文字をとった略号である。日本語に訳すと、「神経発達症群に関する臨床評価へ導く幼児期症状群」である[7]。

1）ESSENCE-Q という質問紙について

　神経発達症群が疑われる子どもたちをスクリーニングするための質問紙（ESSENCE-Q）が提案されており、ギルバーグ精神神経センターのホームページにおいても紹介されている[8]。それによると、ESSENCE-Q に関して以下のような説明がなされている。

　　　この ESSENCE-Q の質問票は、ASD、ADHD、IDD（筆者注：知的障害と同義）、DCD（筆者注：発達性協調運動障害の略語、極端に不器用な状態を指す）、SLI（筆者注：特異的言語障害の略語で、詳細は後述）およびトゥレット障害（筆者注：チック症の重症のタイプ）のような、ESSENCE としてまとめられる傘の中に含まれる障害が疑われる子どもたち（年齢は問わないが、特に幼児）に焦点を当てている。臨床家や研究者を応援することを目指して、臨床実践や研究に使用できるように意図して作成した。その使用方法としては、神経発達症群をアセスメントするチームの医師あるいは心理師や看護師が短いインタビューとして用いたり、母親（父親については、まだテストしていない）に記入してもらう質問票として有用であることが提案されている。

　　　現在は、特定のクリニックや非特定のクリニックであったり、一般人口を対象とする、いくつかの異なる状況で心理測定を行う研究で使用されている。しかしながら、この質問票は、診断のために用いられるものでもないし、診断の代わりとして用いられるものでもない。現時点で明らかになっていることとして、明らかな『はい』が1個あるいはそれ以上ある場合や、『たぶん／少し』が3個あるいはそれ以上ある場合には、発達に関する専門家にアセスメントをお願いするか、さらに問題がある可能性を小児保健センター（BVC）の看護師によって、スクリーニングしてもらうべきである。

　対象とする症状群は12群に分けられる。2012年に改訂されており、ESSENCE-Q（ESSENCE- 質問票）として発表されている（表2）。

　質問票には、発達や生活に関わる状態が総合的に網羅されていると考えられる。その一方で、明らかな発達上の遅れが認められたり、そのほかの器質的な異常（たとえば低身長、顔貌の異常、全身のけいれん発作など）が認め

表2　日本語版 ESSENCE-Q

　日本語に翻訳された内容が、ギルバーグ精神神経センターのホームページに掲載されているので紹介する。

https://www.gu.se/gnc/gncs-resurser/screeningformular/essence-q-screeningformular の画面の「Japanese」のバナーに PDF として掲載されている（現在（2023.3.30）は閲覧不可）[8]

ESSENCE-Q-REV (Gillberg C 2012)
畠中雄平訳

お子さんの名前:	

年齢:		記入した人:	
性別:		記入した日付:	

以下の項目を読んで、当てはまるものを□の中に記入してください。

- ❖ Y= はい
- ❖ M/AL = たぶん/すこし
- ❖ N= いいえ

お子さんについて、下記の項目の中で、あなた、あるいはあなた以外の人（それは誰ですか？　　　　　）が
2～3ヶ月以上にわたって何か気になった(気になっている)ことがありますか？

1. 発達全般 □

2. 運動発達 □

3. 感覚反応（例えば、触れられること、音、光、におい、味、熱い、冷たい、痛み） □

4. コミュニケーション、言葉、喃語 □

5. 活動（活発すぎる／受け身的すぎる）や衝動性 □

6. 注意、集中、「聞くこと」（聞いていないように見える） □

7. 社会的な交流、他の子どもへの興味 □

8. 行動（反復的である、日課や決まった手順ややり方にこだわる、など） □

9. 気分（落ち込む、はしゃぎすぎる、ちょっとしたことでいらいらしやすい、急に泣き出す） □

10. 睡眠 □

11. 食べ物の好き嫌いや食事の仕方 □

12. 発作（奇妙な動きや姿勢、視線が固定して動かなくなる、突然数秒間意識がなくなる、など） □

"はい" "たぶん/すこし"がある場合には、それについて詳しく書いてください。:

られると、専門的な医療機関などを受診し、精密な検査や治療を受けることになる。それに対して、保護者や就学前学校の指導者また小児保健センターの看護師がなんとなく気になる状態が、ここに挙げられている ESSENCE-Q で示されている症状である。

2）ESSENCE という傘に覆われる症候群（症状群）について

　C. ギルバーグは ESSENCE という傘に覆われる症候群（症状群）として、ASD、ADHD、ODD（反抗挑発症の略語：大人に対して必要以上に反抗的態度を取るなど）、SLI（言語障害）、LD、チック／トゥレット障害（チック症は身体の一部、特に顔面や肩などを、瞬間的に不随意に収縮させる動きを指す。音声チックを含む重症なタイプをトゥレット障害と区別している）、双極性障害（うつ状態と躁状態とを繰り返す病態）、稀なてんかん症候群、反応性愛着障害（虐待の一種であるネグレクトあるいは養育放棄に起因する、愛着形成が障害された状態を指す）などを含めており、これまでの有病率に関する研究などをまとめると7～10％に上ると示している[6]。そして、これらの症候群（症状群）がお互いに関連しあっているとも述べている。

　例として、Miniscalco（2006）の SLI に関する研究をあげている[9]。2歳半のときに、特異的な SLI と認定された25名を対象としていた。その25名とは、チャイルドヘルスに精通した2名の看護師のスクリーニングを受けて、両者ともに以下の3項目の少なくとも1項目以上で陽性と判断を下している。その3項目とは、①コミュニケーションの取れる単語が25語未満、②理解の困難、③構音障害である。さらに、小児担当の言語聴覚士による正式なテストで、ある程度の会話と言語に障害があると判断されていた幼児である。その後、5年間、言語聴覚士による発達に関するフォローを受けた。その結果、7歳半における結果では、70％の子どもたちで ASD、ADHD、IDD、あるいは境界域の LD が認められた。もちろん、これらを併存している子どもたちもいる。SLI と診断を受けた2歳半の時点では、これらの子どもたちは一人としてこれらの併存する問題については疑いをもたれていなかった。

　ASD に関する検討では、3歳以前に ASD と診断を受けた幼児の場合、その後も診断に関しては比較的安定しており、75％ではその診断は変わらなかった。しかしながら、残りの25％ではそうではなく、これら25％すべての子どもたちで、ASD のない LD、あるいは ADHD のような、他の神経発達症群の診断

基準に合致していた[10]。また、300名以上のASDの診断がついた就学前学校在籍の幼児に関する研究では、2年間のフォローアップののちも、その大多数においては、その診断はDSM-Ⅳの診断基準の自閉性障害、アスペルガー障害、その他の特定不能の広汎性発達障害（筆者注：これらはASDと分類されるまでの、自閉症の分類）に合致していたが、10名に1名はASDの診断ではなく、ASDのないLDあるいはADHDという診断となっていた[11]。

　ASDの診断を受けていたグループにおいて、会話と言語の障害、ADHD、DCD、消化管の問題、てんかんおよび学習障害の割合は10〜60％と異なっており、ASDの診断がついた当初にはこれらの存在は明らかではなかった[6]。これらの子どもたちは、ESSENCEの傘に含まれていたと考えられ、おそらくは最初に診察した専門家の興味や受けてきた訓練によって、SLI、ADHD、LDあるいはASDの診断が下されたのであろう、そしていくつかの併存障害が見逃されたことが考えられる。

　スウェーデンにおける児童期および青年期の一卵性および二卵性双生児の全国的なコホート研究を用いて、ASDとADHDの6個の症状領域について併存の検討が行われている[12]。それによると、すべての症状群には、特異的な遺伝的そして環境的影響が認められ、このことはASDおよびADHDにおいて、病因論的な不均一性があること、そしてASDとADHDの間には概念的な区別があるものの、特徴的なASDとADHDのそれぞれの症状群の間にはかなりの併存があることが示されている。このような全国レベルでのコホート研究が行える事もスウェーデンの強みであり、本研究ではそれを通してASDとADHDの症状がオーバーラップすること、すなわちASDとADHDが併存しうることも示された。詳細については、論文[12]を参照していただきたい。

（2）診断よりも支援を優先させる大切さ

　これらのことは、幼児の場合には、診断をつけるよりも先に、ESSENCE-Qの質問票に認められる状態から考えられる、子どもたちのニーズは何かを明らかにして、支援を行うことが大切であることを示唆する。それゆえに、単に一つの障害にこだわるのではなく、子どもの困難さを総合的に継続して観察し、折々に支援を検討していく必要がある。

　もう1点、C.ギルバーグが述べている大切な点としては、複数の専門家の目を通して、子どもの状態に対する判断と支援を検討していくことの大切さであ

る。実際に、ギルバーグ精神神経センターは臨床の診察も行っており、医師（児童精神科医、小児神経科医、小児科医など）をはじめとして、心理師、言語聴覚士、作業療法士、看護師などが在籍しており、異なる専門的視点から子どもたちを診ている。

　発達障害の子どもたちに、早期に適切な支援を届けるためには、さらに地域と密接に関連した組織の構築が必要となる。それは、次章で取り上げているスウェーデンの実践例で示されるように、地域の就学前学校では、巡回している特別支援教育指導教員（specialpedagog）によるアドバイスに基づき支援を行っても子どもの問題が解決しない場合に、あるいは小児保健センターでのフォローアップによっても課題が解決しない場合に、複数の専門職の診察を受けることができる施設に紹介ができるようなシステムが設けられることが重要である。具体的には、ESSENCE というとらえ方と近い考え方のもとに、医師（小児科医あるいは児童精神科医）、看護師、心理師、特別支援教育指導教員、作業療法士、言語聴覚士、ソーシャルワーカーなどの複数の専門職が診察ならびに相談対応を行っている事例が、本書の第5章3節に記載されている。

　それぞれの地域の状況によっても異なるが、インクルーシブ教育という考え方のもとに、定型発達の子どもたちと時間と場所を共有しながら、支援を提供できることが理想であろう。そのような意味では、子どもたちが通う就学前学校で目にするが、専門職である特別支援教育指導教員や言語聴覚士、作業療法士などが、定期的に巡回しながら、担当教員が指導に際して困っている子どもをその場で見て、担当教員に子どもの特性や指導に関するアドバイスを与えていくことが肝要である。

　上記の巡回する専門職は、さらに後方支援として専門医のアドバイスを受けている。新しく始めた支援がどの程度有効であるのか、子どもを見つつ担当教員と相談しながら判断していくのである。専門職から出されたいくつかの支援を試しても十分な効果が得られない場合は、さらに薬物治療なども念頭に入れながら、専門的な医療機関や児童青少年精神科診療所（barn-och ungdomspsykiatri：BUP）などに紹介していく場合もある。

　このような神経発達症群の範疇にある困難さをめぐる実践は、地域に存在する支援のためのマンパワーの豊富さによるところも大きいと考えられる。これだけ多くの対象児童が存在することがわかっているなかで（日本では、たとえば、文部科学省の2022年の調査によると、通常学級に在籍する小中学生の約

8.8％）、日本の実践においても、地域によっては、幼児に対する ESSENCE というとらえ方の導入が望まれるところでもある。

3 医療および保健面でニーズのある就学前児童への対応

（1）就学前保健システムと学校保健システムの比較

　次に、ASD や ADHD 等を含む神経発達症群の範疇の困難がある子どもがいた場合、保健システムではどのような対応をされているのであろうか？スウェーデンでは、1歳から5歳までの子どもたちは、就学前学校に通い、その後6歳児は就学前クラス、7歳以降15歳までは基礎学校に通うことになる。就学前クラスは2018年に義務教育となった。

　現在、教育面では、就学前学校も基礎学校も教育省が管轄することになっているが、保健面では、1〜5歳までは小児保健センターが対応しており、6歳以降は学校保健が対応することになる。学校保健システムでは、基本的には各学校にスクールナース（日本の養護教諭に類似）が常駐している一方で、スクールドクター（日本の学校医に類似）は学校には常駐してはいないが、教育委員会に所属し、数校を自分の担当として巡回している。しかしながら、就学前学校ではそのような看護師や医師はおらず、基本的には医療・健康面については、小児保健センターの担当看護師がケアを提供する形で、必要な場合には巡回している小児保健センターの医師に相談することになる[13]。

　また、学校保健システムでは、神経発達症群を含む課題のある子どもに気づいた場合、「生徒の健康（elevhälsa：イレーブヘルサ）」と呼ばれる児童生徒に関する保健システムがあり、担当教員、特別支援教育指導教員、校長、教頭、心理師、キュラトール（curator, 福祉職であるが、ケースワークを主とする役割を担う）、スクールナース、スクールドクターなどのうち、必要とされるメンバーが週1回のペースでチーム会議を持ち、課題解決に対処しようとしている。この会議で提案された支援を行い、翌週の会議でその成果を話し合い、それを繰り返していく。それでも支援がうまく提供できない場合には、学校外の専門機関に紹介することになる。就学前学校の子どもを対象とする組織を設けているコミューンもあった（第5章3節（5）参照）。

　また、学校教育法25条では、特別支援教育の対象となる神経発達症群を含む行動上学習上の問題がある児童生徒に対して、医療的、心理社会的な助言を

提供できるという役割が規定されている[14]。つまり、学校における支援チームにスクールドクターが含まれている。そのスクールドクターの多くは教育委員会雇用の専従であり、また、神経発達症群に対しても専門的に関わることができる医師が多い。医療はレギオンの管轄と説明したが、スクールドクターに関してはコミューンが雇っている。このスクールドクターのシステムは日本とは大きく異なる[14]。

　一方、就学前学校では、自前の看護師や医師を抱えているわけではないが、心理師や特別支援教育指導教員を含む特別なチームを編成できるということである。視察したストックホルムの北西に位置する地域では、コミューンが管轄する、セントラル・イレーブヘルサと呼ばれる、各学校のイレーブヘルサを束ねる組織があり、そこから、就学前学校にも子どもを専門とする心理師や特別支援教育指導教員などの専門職を派遣していた。この地域では、就学前学校内でできる支援は、上記の専門職の指導を受けながら、就学前学校においてまず担当教員が提供するということになる。子どもにすでに診断が下されている場合には、以下に述べるハビリテーションセンター（habilitering）や児童青少年精神科診療所（BUP）とも連携しながら支援を提供することになる。

（2）神経発達症群が疑われるときに紹介される施設について

　このように就学前の幼児について、発達に関する何らかの課題があると判断された場合には、主として小児保健センターでのフォローの後、引き続いて紹介される専門機関として、スウェーデンでは、ハビリテーションセンターや児童青少年精神科診療所（BUP）と呼ばれる、小児を対象とする精神診療に関わる機関がある。

1）ハビリテーションセンター

　日本であればリハビリテーションと呼ばれるが、スウェーデンでは、特に小児期においては、その時点を起点として、まだ獲得していない機能を獲得するために支援を行っているという意味で、回復を意味する「リ」をつけずに、ハビリテーションと呼んでいる。ハビリテーションサービスは、医療と同じくレギオンによって提供されており、スウェーデン語では Habilitering & Hälsa と呼ばれ、直訳すると「ハビリテーションと健康」となる。

　首都であるストックホルム市が含まれるストックホルム・レギオンにおける

ハビリテーションサービスを例に挙げると、センターと呼ばれる中心となる機関と、地域に配置された支所があり、その数は 15 ヵ所以上にのぼる [15]。センターとしては、ADHD のある 17 歳までの子どもの家族と 18 ～ 25 歳の本人に向けた支援を行う ADHD センター、就学前の小児のための自閉症センターなどがある。支所は基本的に同一地域（あるいは同一建物）に、小児のための支所と成人のための支所の 2 か所がある。ADHD や ASD の他にも、視覚障害、聴覚障害、知的障害、運動障害などを扱っている。地域にある成人のための支所の説明には、「永続的な障害で、ASD や知的障害などのある当事者ならびに家族や親戚に対する支援を行う」と書かれている [15]。

2）児童青少年精神科診療所(BUP)

スウェーデン語では barn-och ungdomspsykiatri と記載され、小児期および青年期のメンタルヘルスを対象とする医療機関である。対象年齢は 17 歳までとされている。たとえば、ストックホルム・レギオンにある児童青少年精神科診療所の数は 15 か所 [16] であり、そのうち公営のものが 12 か所である。ストックホルム・レギオン以外にも、すべてのレギオンにおいてこの組織が設けられている。

（3）小児保健センターにおける一般的な幼児の発達のフォローアップ
1）定型発達を示す幼児の場合

第 1 章で述べられている就学前学校の保育者や第 5 章 2 節で述べられている小児保健センター（BVC）の看護師などにより、発達のフォローアップが行われている。

簡単にまとめると、定期的に受診する小児保健センターにおいて、担当する看護師が子どもの発達を健診の中で観察することや、保護者からの質問や相談に答えたりすることで、フォローアップが行われている。看護師が何らかの発達の遅れや偏りに気づいた場合には、当該小児保健センターを担当する小児科医などの専門職の診察を受け、経過観察するか、さらに専門的な医療機関へ紹介することになる。

2）器質的な疾患が疑われる幼児のフォローアップ

定型発達の子どもたちと比べて、明らかな器質的な障害、たとえば低身長、肥満、重度の発達の遅れ（重度知的障害や重度脳性麻痺など）、繰り返すけい

れん発作、悪性腫瘍、内分泌疾患、喘息などの場合について記す。そのような事例では、産科病棟から病院に紹介されることもあるが、軽度の場合には、小児保健センターの看護師に気づかれ、当該小児保健センターを担当する医師へ相談を行い、必要に応じて小児保健センターにおいて診察を受けることもある。それに続いて、さらに専門的な検査が必要であると判断された場合は、小児科クリニック、小児専門病院へと紹介され、検査ならびに診断が行われ、治療まで進んでいくことが多い。

　小児保健センター内でのフォローアップは、日本における保健所の健診とも重なる部分はあるが、スウェーデンの小児保健センターの方が健診回数が多く、はるかに個々の子どもの全体的な発達と親の支援を意識した対応である（第5章2節参照）。その後の医療専門機関への紹介については、日本における流れと大きな違いはないと考えられる。

　最後にASDやADHDなどの神経発達症群が疑われる場合についてであるが、日本では、医師による診断が中心の流れになっている。神経発達症群においては併存障害も多くみられることを念頭に置けば、特に幼児期においては、診断を優先することが本当にその子どもにとって一番大切なことかと、疑問を抱かざるを得ないこともある。また、日本でも、医師、心理師、理学療法士、作業療法士、言語聴覚士など、一人の専門家だけに診てもらう場合があり、子どものためには多職種連携も必要である、という指摘もある。スウェーデンにおける神経発達症群に関する実践を参考にして、日本における支援のアイデアが広がり、より、子どもの暮らしと発達を支える実践となることを期待している。

引用文献

1) 日本精神神経学会（2014）『DSM-5 精神疾患の診断・統計マニュアル』医学書院.

2) 鍋谷まこと（2007）『よくわかる発達障害』ミネルヴァ書房，56-57.

3) Gillberg, C., (1988) Children with Deficits in Attention, Motor Control and Perception (DAMP): Need for Specialist Treatment, *Acta Paediatr Scand* 77:450-451.

4) Ehlers, S., Gillberg, C., and Wing, L., (1999) A Screening Questionnaire for Asperger Syndrome and Other High-Functioning Autism Spectrum Disorders in School Age Children, *Journal of Autism and Developmental Disorders*, 29:129-141.

5) 文部科学省初等中等教育局特別支援教育課「通常の学級に在籍する特別な教育的支援を必要とする児童生徒に関する調査結果（令和4年）について」2022年12月13日.

6）Gillberg, C., (2010) The ESSENCE in child psychiatry: Early Symptomatic Syndromes Eliciting Neurodevelopmental Clinical Examinations, *Research in Developmental Disabilities*, 31:1543-1551.

7）クリストファー・ギルバーグ，畠中雄平（訳）（2013）「児童精神医学の"The ESSENCE"」『治療』95，1380-1392.

8）https://www.gu.se/gnc/gncs-resurser/screeningformular/essence-q-screeningformular,（最終閲覧日 2023 年 3 月 30 日）

9）Miniscalco, C., Nygren, G., Hagberg, B., Kadesjo, B., & Gillberg, C. (2006) Neuropsychiatric and neurodevelopmental outcome of children at age 6 and 7 years who screened positive for language problems at 30 months. A community-based study. *Developmental Medicine and Child Neurology*, 48:361–366.

10）Gillberg, C., Ehlers, S., Schaumann, H., Jakobsson, G., Dahlgren, S. O., Lindblom, R., et al. (1990) Autism under age 3 years: A clinical study of 28 cases referred for autistic symptoms in infancy. *Journal of Child Psychology and Psychiatry*, 31:921–934.

11）Fernell, E., Lundholm-Hedvall, A., Norrelgen, F., Eriksson, M., Carlsson, L.H., Olsson, M.B., Svensson, L., Holm, A., Westerlund, Y., & Gillberg. C. (2010) Developmental profiles in preschool children with autism spectrum disorders referred for intervention. *Research in Developmental Disabilities*, 31:790-799.

12）Ronald, C., Larsson, H., Anckarsater, H., and Lichtenstein, P. (2014)：Symptoms of Autism and ADHD: A Swedish Twin Study Examining Their Overlap, *Journal of Abnormal Psychology*, 123:440-451.

13）小野次朗（2020）「スウェーデンのスクールヘルスシステムにおける神経発達障害への対応：6 歳から 15 歳の児童生徒を中心とした医療的対応も含めて」『発達障害研究』42，135-144.

14）コーグストローム・アルフ, 小野 次朗（訳）, 小野 尚香（2015）「子どもの今と未来を支える医療と教育：スウェーデンにおける最新の医学・医療とダイバーシティ教育（第 3 回）スウェーデンにおける学校保健システムとサンドビッケンモデル」『治療』97，1152-1155.

15）https://www.habilitering.se,（最終閲覧日 2023 年 3 月 30 日）

16）https://www.bup.se,（最終閲覧日 2023 年 3 月 30 日）

第5章 スウェーデンにおける チャイルドヘルスケア

小野 尚香

1 人権を基底にしたチャイルドヘルスケア

（1）はじめに　チャイルドヘルスケアと出会う

　スウェーデンという国で、チャイルドヘルスケアの現場を歩きはじめて16年が過ぎた。小児保健センターや医療機関で一次予防、二次予防、三次予防の実践を視察し、病院でのプレイセラピーや病院の学校、そして、就学前学校（1歳～5歳を対象）、就学前クラス（6歳、義務教育のスタート）、基礎学校（日本の小中学校に相当、7歳～）等で参与観察を重ねた。並行して、折々に、専門職として従事する人や保護者へのインタビューの機会を得た（注1）。地域は、ストックホルム、ウプサラ、ティーエルプ、マルメ、イェーテボリ、イェブレ、サンドビーケン、カリックスなどである。また、関連する行政文書や配付冊子、政府の各省庁によるホームページを参考にしながら調査を進めた。

　ヘルスケアの精神は、医療・保健の場だけではなく、就学前学校などの教育の場においても織り込まれ、たとえば、カリキュラムの基底にある。本章はこのような研究の足跡に印してきたチャイルドヘルスケアの記録である。けれども、スウェーデン全土各地で実践されているヘルスケアを網羅したものではない。

　「専門職は家族になれるのかもしれない」。それが、はじめて、スウェーデンのヘルスケアの現場に立った時の印象である。小児保健センターの看護師やプレイセラピスト、就学前学校を巡回する特別支援教育指導教員（specialpedagog）へのインタビューでの折々に、その印象は深まっていた。そう思えるほどに、専門職が提供する支援は、子どもと家族の日常に深く関わったものであった。また、保護者に対する態度は応答的受容的であった。調査を重ねた年月は、ヘルスケアが生活支援であり、その人らしく生きるための全人的な支援でもあるという実感を重ねた時間となった。

ヘルスとは、WHO の健康の定義（1948 年）を用いれば、「健康とは、病気でないとか、弱っていないということではなく、肉体的にも、精神的にも、そして社会的にも、すべてが満たされた状態にあること（以下略）[1]」である。この定義を拠りどころにすれば、ヘルスケアには、身体面だけではなく、精神状態や社会的な状況（対人関係、社会的な役割、経済面など）が含まれる。1998 年にはスピリチュアルとダイナミクスが検討され、ヘルスケアは全人的で、健康には一人ひとりの価値や生きることの意味、また人間の尊厳や生活・人生の質などが織りなされるものであり、そして、健康と疾病は連続体であるという考え方が示された。後述するが、スウェーデンの方策は、WHO などのグローバルな指針や動きを意識し反映している。

　スウェーデンのチャイルドヘルスケアを調査する歩みはまた、子育ての社会化のあり方が、子どもと親に対する身体、精神、社会面におけるヘルスケアを土台にした、子どもに対する発達を促すための一次予防に重点を置く国策の指向の延長上にあることを確認するプロセスでもあった。

　国策の指向が具現化された様相として、たとえば、小児保健センターで提供される乳幼児期の発達の課題や心身の発育に対する審査と早期介入は、システム化しており規則的である。そして、そこには、医科学の知見に基づき、親と子に対する全人的ケアを織り込んだチャイルドヘルスケアのナショナルプログラムによる実践や、組織化された小児保健センター内外の多職種連携によるチームアプローチがみられる。次節で注目するナショナルプログラムでは、チャイルドヘルスケアに従事する専門職の専門性を担保し、業務が確実に遂行できるように、全国のどこからでもインターネットでアクセスできる。このようなハード面でのシステムを活用して、親と子に寄り添った幼児期の途切れない継続的支援が行われている。

　社会のシステムは、その地域に住む人々の知恵と努力の結果であり成果である。スウェーデンでは、基本的に保健・医療に関わる施策やサービスはレギオン（region 広域自治体）、福祉や教育はコミューン（kommun 基礎自治体）の管轄下にある。けれども、行政の枠組みにとらわれずに、方策によって随時マトリックスの組織（本章 4 節（3）を参照）が形成される。ストックホルム、イェブレなどの限られた 8 地域での調査の範囲ではあるが、地方の社会資源やマンパワーを生かした地方独自の乳幼児発達支援の連携システムが構成されていた。

　小児保健におけるヘルスケアの質は、就学前学校のケアの質と重なる。それ

は、子ども一人ひとりの身体面、精神面、社会面そしてスピリチュアルな面での健康状態をトータルに衛り、情動、認知、社会性、言語・コミュニケーション、運動などの健やかな発達を促していくことにおける理念や目標においてである。小児保健センターや就学前学校のスーパーバイザーとして従事する医師は、「ヘルスケアは、少し未来のスウェーデンという国を支える次世代の力を育むことにつながる」と述べた。

（2）チャイルドヘルスケアを支える子どもの人権
1）自然との共生、人権の重さ

　スウェーデンの暮らしにふれ、街を歩くと、都市部でも深い木立が揺れるゆったりした空間の中で、人々の生活に出会う。国土の半分以上にも広がる勾配の緩やかな森林で、息をしているキノコや野花や野生動物も生活のすぐ傍にある。アウトドア教育や自然を学ぶ時間を取り入れている就学前学校も多く、子どもは森を学ぶ。植物も、蛇もトカゲも身近にある。零度を下まわる極寒の日でも、陽がのぞけば、幼児は外で遊び、大人は森を歩き、実りの賜物を手にする。人は流れていく空気を感じ、自然を意識し、自然に身を寄せて生きているようである[2]。

　ある日、週末には1時間の散歩を習慣にしている地域医療を担う医師と雪の積もる森の道を歩きながら、子ども時代に「格差」を作らないスウェーデンの実践について尋ねた。医師は、「公平な社会」は50年以上の努力の結果であり、今も努力の最中にあると言う。同時に、ノーマライゼーションも、インクルージョンも、努力しなければ維持できない社会精神であるとも語った。

　デンマークでは、1959年（知的障害者福祉）法をもって社会に提示されたノーマライゼーションの思想は、1960年代のスウェーデンに姿を現した。ベングト・ニィリエ（Bengt Nirje）はデンマークの理念を踏襲し、障害のある人が生きる社会環境をノーマルにするムーブメントに先鞭をつけた。それは、「フツウ」から逸脱した者とみなされているすべての人を社会に包摂し、誰でもがその人らしく暮らすことができるように、社会をノーマルにする政策へとつながった[3]。

　その医師は、子ども時代から「格差」を作らない社会システムとそのシステムを支える蓋然性（probability）を確立する努力を続けているという。ヘルスケアは、社会の「あたりまえさ」を社会の成員に涵養していく機能を有し、次

の時代の社会思潮を形成する。それは、社会統制機能の一端を担っているともいえよう。

　スウェーデンは、移民の受け入れにも寛容である。ストックホルムなどの都市部では、移民が90％以上を占める地域も出現している。外国から移り住む人たちをスウェーデン市民として包摂していくために、子どものヘルスケアにおいても、政府は移民の文化を尊びながら、スウェーデン社会に適応していくことに焦点を合わせた方策を企図している。言葉だけではなく価値や文化の異なりに向き合いながら、スウェーデンは共生社会を目指そうと拮抗点を探っているようである[2]。

　21世紀の人権に関わるスウェーデンの法律の動きをみると、それまで施行された各種差別法を統合するかたちで、2008年に「差別禁止法 Diskrimineringslag（「新差別禁止法」という訳もある）」が制定された。この法の目的は、「性、民族・人種、障害、性的指向、年齢」に関わらず、（ほかの多くの人々と）同じ「権利と機会を促進すること」にある[4]。ヘルスケアや教育を提供する場においても同様である。

　新しい「差別禁止法」の制定は、障害・病気に加えて、社会の中で暮らし生きていくことに困難さがある人たちに意識を向け、チャイルドヘルスケアにおいては家族というかたちも意味も多様であることや、定型発達であっても生きる上でのニーズがあることを考える機会ともなる。チャイルドヘルスケアを提供するどの場所においても、多様性を包摂していく大切さを認識していくことは、一人ひとりのニーズに向き合う多角的な支援アプローチを実践していくことにつながる。小児保健センターでは、社会的役割や子どもの特性、また文化において類似した親グループ活動や、割礼などの文化的儀式などにも留意している。一方、就学前教育の場では、子どもの権利だけではなく、障害や後述するLGBT（SOGI）を対象とする人権教育への取り組みがみられている。

2）子どもの権利

　1989年に国連総会で採択された「児童の権利に関する条約 United Nations Convention on the Rights of the Child」が、2020年1月1日にスウェーデンの法律となった。子どもに関わる施設には、「児童の権利に関する条約」の内容（受動的権利と主体的能動的権利）を、子どもでも分かるようにイラストなどで掲示をしたり、リーフレットを用意したりしている。また、「子ども

の人権」に関する絵本も、多くの就学前学校やオープン保育室、また小児保健センターなどに置かれている。

　スウェーデンは、「子どもの人権」に対する意識が高い国である。子どもの人権をめぐる歴史的事象をたどると、その一つに、エレン・ケイ（Ellen K.S.Key,1849-1926）によって記された『児童の世紀（1900）』がある。そこには、子どもを個性ある一人の存在として尊重する大切さが綴られている。ストックホルムの教育行政官から、エレン・ケイの提言が、20世紀の「ジュネーブ宣言」や「子どもの権利宣言」、そして、1989年に国連総会で採択された「児童の権利に関する条約」への細い系譜となったと説明を受けた。この条約で、子どもの受動的権利とともに、子どもの主体的能動的な権利が明文化された。

　ストックホルムにあるカロリンスカ医科大学に児童文学者アストリッド・リンドグレーン（Astrid Lindgren, 1907-2002）が寄付をした小児病院がある。エレン・ケイの影響を受けたリンドグレーンは、『長くつ下のピッピ』などの作品を描いた。この病院のプレイセラピストから、子どもの人権を尊ぶ精神が、治療を受ける子どものヘルスケアにも影響を及ぼし、病気の子どもの生活環境に配慮することや、「プレイセラピー」や「プレパレーション」（本章4節5参照）の実践につながったという説明を聞いた。現在、『長くつ下のピッピ』のピッピは、小児病院の学校（日本の院内学級に相当）へと続く廊下に壁画として描かれている。

（3）文化現象としてのヘルスケア

　社会の制度は、その国、その地域の所産である。人々が行き交う空間に漂う障害観や病気観にも、文化的社会的脈絡がある。言語学的に直訳できるスウェーデン語の専門用語や専門職役割も、意味するところや概念が日本語とは異なるかもしれない。そのような問いを常にもっている。そのことも含めて、専門職や保護者に対するインタビューや参与観察を通して理解してきたチャイルドヘルスケアを、スウェーデンにおける現在の文化現象としてとらえる視座に立った。

　また、研究調査を進めて入手し得た情報が重なっていくことによって、チャイルドヘルスケアに対する理解も変化してきた。その状態は、図柄で例えるのであれば、「ブルーの丸い形」という印象をうけたヘルスケアが、研究を進めていくにつれて、「グリーンの丸い形」や「縞模様の丸い形」、あるいは「三角

形などの異なる形」と出会い、多様な色や形の集合体であったことに気づくプロセスであったともいえる。様々な図柄として目の前に現れてくるヘルスケアは、サービスを受ける側と提供する側の相互作用や、地方の固有性に根差した地方自治が尊重されるゆえの方策、人的・社会的資源、そして専門職の価値などとの力学構造において作り出されるサービスのかたちの各部分である。

　スウェーデンという国のヘルスケアをめぐる心象を記してきたが、研究はまだ道半ばにある。本章で取り上げる事例は、これまでの研究路で出会ったケアの様相に過ぎない。その一方で、この16年という時間軸（縦軸）でとらえると、ヘルスケアを構成する科学的根拠も、その場その場の様相も変化しつつある。ヘルスケアのシステムや機能は社会のあり方とのダイナミクスをもちながら変化している。その一方で、スウェーデンにおいて、16年という年月を越えても変わらないサービスや価値がある。その一つが、チャイルドヘルスケアに織りなされる人権の重さである。

（4）チャイルド・ヘルスケアシステムの横軸と縦軸

　スウェーデンの乳幼児期ヘルスケアシステムの特徴は、政策による専門職の手厚い関与と、制度として、地域における横軸のケア（保健、医療、教育、保育を横断する機関と多職種連携）と未来へつなぐ子ども時代を通しての切れ目ない縦軸のケアという、サービスを有する点にある。

　スウェーデンでは、パーソナルナンバー（personnumer：国民識別番号）制がある。この制度は、個人の健康状態に対して医療・保健・福祉などに広く活用されるフラットモデルであり、国による人々への関与は容易になる。マクロレベルとして予防政策などに、またミクロレベルでは、誕生から一生涯を通して利用され、病気や障害のある場合には医療の包括的利用やコスト削減などにも活用される。

　子どもの健やかな発達に関与するヘルスケアのフロントラインは、就学前は小児保健の管轄であり小児保健センターの専門職が担う。就学前クラス（義務教育）以降は学校保健に引き継がれる。障害・疾病については、保健・医療サービス法（HSL：Hälso-och sjukvårdslagen）に基づいて、施設ケアだけではなく、地域の暮らしのなかで、就学前学校との連携においても、子どもの発達課題も含めた医療的支援を提供している。特別な支援が必要である場合には、地域の教育・医療・保健・福祉・司法などの専門職によるチームケア・システムが、

随時、ニーズに応じてセッティングされ動き出す。

　子どものニーズに対する「みたて」や「てだて」はエビデンスに基づく。その根拠の一つが医学的知見である。科学的根拠に基づく医学・医療のまなざしが、子どもの育ちや日常生活に向けられ、子どもの発達支援に取り入れられる。とくに神経発達症群（注２）においては、一人ひとりの子どもの困難な状態に応じた包括的支援の方法論を生み出してきた（第４章参照）。また、スウェーデンにおけるハビリテーションの思想には、どのような障害があっても、障害は単に子どもの一側面に過ぎず、子どもには豊かな発達があるという理解が医療・保健・心理専門職の間で共有されている。それゆえに、その子どもの地域や家庭での暮らしも支援の対象となる。

　医療現場での治療や訓練に加えてケアシステムは連環し、教育・保育現場においては、障害や病気の子どもに対する医療専門職による生活動作などに対するコンサルテーションが提供され、指導を受けた教員や保育士によって療育や訓練となる特別な支援が実践されている。つまり、医学の知見や方法が特別支援教育や特別な支援保育に活かされ、子どもの心身の発達に寄与している。また、教育委員会から派遣され就学前学校を巡回・相談する特別支援教育指導教員も、必要に応じて医療専門職のスーパーバイズを受けている。

　生涯教育の出発点として１歳から始まる就学前学校（förskolan）では、子どもの学び方に配慮した指導支援を行うことが重視されているが、子どもの学び方についての理解にも、医療専門職による研修を受けた教員や保育士によって、脳機能などの医学的知見が織り込まれている。

　以上のような保健・医療・教育・保育専門職の連環は、日常的に、子どもの発達課題や発達上の問題などを含むチャイルドヘルスケアのシステムに必要不可欠な要素である。

（5）その子どもらしく生きるためのチャイルドヘルスケア

　スウェーデンでは施設解体法により1999年末には大規模な施設は解体され、障害のある人たちの生活は地域にある[5]。だれもがあたりまえに地域で暮らしていくための社会づくりには、どのような障害でも病気でも、幼少期からその子どもの暮らしに根付いたヘルスケアが求められる。

　医療の場には生活のまなざしがあり、発達支援も含めたケアが織りなされている。一方、教育・保育の場に医療のまなざしが向けられている。一次予防、

二次予防、三次予防に対する概念の形成という意味において、ケアには広義の意味での教育的要素が含まれる。幼児教育においては、ケアは教育と一体となっており、子どもの健康を、身体面、精神面、子どもの集団における役割や他者との関係性などの社会面そして子どもの人権においても重視しており、全人的にとらえたヘルスケアを基底としている。

　教育の姿勢について目を向けると、インクルーシブ教育が基本である教育現場では、障害の有無だけではなく、特性、文化、言語などの様々な面において子どもの多様性を意識し、子どもの個性を理解して一人ひとりのニーズを満たすケアや教育が用意される。それは、「特別」という単語を使用していても、「特別」ではない、子どものその時の状態に呼応し、ニーズに対応した教育的支援であり、特性を障害にしない教育でもある。

　スウェーデンにおける実践をICF（International Classification of Functioning, Disability and Health；国際生活機能分類　2001）から眺めると、環境因子（物理的環境、人的環境、社会的環境）との相互作用において作られる生活機能上の「障害」を生じさせないために、環境整備に力が注がれていることが見えてくる。ヘルスケアも、教育に織りなされるケアも、ハード面において、またソフト面において、その一翼を担う。つまり、医学モデルとしての「障害」に特化してみるのではなく、子どもの生活上での「障害（困難さ）」として、ICFのいう子どもを取り巻く環境との相互作用からも理解して、「生きることの全体像」をとらえているからである[6]。

　これまでに出会ったスウェーデンのチャイルドヘルスケアは、子どもがどのような状態であっても、子どもの発達を促し生活や人生の質を向上していくことを指向している。そして、子どもの日常での「活動」や社会的「参加」をより良い方向に動かすために、環境整備が「物理的」、「人的」、「社会的」に構成され[6]、特別ではない日常的であたりまえの支援として具現化されている。

（注1）インタビュー内容は許可を得て録音し、公表することを基に内容に対する確認をいただいた。
（注2）2013年に発表されたアメリカ精神医学会の精神疾患に関する診断・統計マニュアル第5版（DSM-5）で示された自閉スペクトラム症，注意欠如・多動症、限局性学習症などは、日本では「発達障害」という用語のもとにまとめられてきたが、DSM-5においては、「神経発達症群」として分類されており、ほぼ同義と考えられている。

引用・参考文献

1）公益法人日本WHO協会：https://www.japan-who.or.jp/about/（2023年3月10日閲覧）
2）小野尚香（2015）「スウェーデンという社会：「暮らし」と「人生」へのメディカライゼーション」『治療』97（6），853-857.
3）小野尚香（2015）「障害のある子どもの特別支援教育におけるハビリテーションの役割」『治療』97（7），1011-1014.
4）河東田博（2009）「スウェーデンの新差別禁止法－スウェーデン滞在を終えて」『立教大学社会福祉ニュース』第29号.
5）ヤンネ・ラーション、アンデシュ・ベリストローム、アン・マリー・ステンハンマル著、河東田博、ハンソン友子、杉田穏子（訳）（2000）『スウェーデンにおける施設解体　地域で自分らしく生きる』現代書館. ならびに河東田博「スウェーデンにおける地域移行と地域生活支援の実態と課題」2000-2002年度日本学術振興会科学研究費補助金研究成果（一部）https://www.mhlw.go.jp/shingi/2003/08/s0826-2b.html,（2023年3月10日閲覧）
6）上田敏（2005）『国際生活機能分類ICFの理解と活用―人が「生きること」「生きることの困難（障害）」をどうとらえるか』ぎょうされん，18-38. ならびに障害者福祉研究会編（2002）『ICF 国際生活機能分類―国際障害分類改定版』中央法規.

2 ルポ：乳幼児対象のチャイルドヘルスケア

（1）チャイルドヘルスケアの構成要素

　スウェーデンの乳幼児ヘルスケアの特徴は、早期発見（気づき）・早期治療（介入）という二次予防だけではなく、子どもの発達が健やかであるために、一次予防はもちろん、ゼロ次予防ともいえる生活環境に対しても細かいチェック項目が設けられていることにある。この節では、誕生から5歳にわたるチャイルドヘルスケアを構成する要素について注目する。それは母子や家族の健康を護り、健康面でのリスクを予防し、早期に発達課題や障害に気づき、早期に介入し、治療や訓練につなぐ公的サービスである。ケアはまた、親子の愛着形成や子育て支援、さらに親の精神状態や親の仲間づくりにも深く関わり、親のニーズに応答的で共感的な特徴を有している。

　ヘルスケア・プログラムの内容は、子どもの心身の発育・発達（情動、認知、社会性、言語・コミュニケーション、運動）、親の子どもに対する接し方を含めた子育て、親と子の関係、親の身体的・精神的・社会的な健康、子どもの生活環境や家族の暮らし、子どもを取り巻くモノなどの物的環境など生活全般を対象としている。子どもの発達の課題や障害の疑いに対しては、子どもの状態

に応じて助言、経過観察、より高度な専門職につなぐなど、対応方法もシステム化されている。

　チャイルドヘルスケア・サービスの根拠となるのが、政府が作成している「ガイダンス（Vägledningen[1]：直訳すると「ガイダンス」あるいは「手引書」）」や「チャイルドヘルスケア・プログラム（Barnhälsovårdsprogrammet[2]）」である。チャイルドヘルスケアの「ガイダンス」には、ケアの目的について、健康と発達の増進とともに、疾病予防ならびに健康上、発達上、発育上の問題やリスクを早期に発見し早期対応することによって、子どもの健康に寄与する旨が示されている[3]。

　「チャイルドヘルスケア・プログラム」は、乳幼児ヘルスケアに携わる専門職が、全国どこにいてもヘルスケアの質が担保できるように、インターネット上でアクセスすることができる、専門用語の説明や乳幼児ヘルスケア・サービスの方法を詳細に記した辞書でありマニュアルである。

（2）チャイルドヘルスケア・サービスにみる専門職連携とグローバルスタンダード

　スウェーデンという国で誕生したその時から、子どもと親は国の制度として、専門職による関与と保護の対象となる。ヘルスケアとしての保健領域では小児専門などの看護師を中心に看護・医療職が担当する。チェック対象は、前述のように、心身の健康状態、発育状況、生活環境、家族関係、親の健康状態、子育て状況を網羅しており、そのサービス提供には保健―医療、保健・医療―福祉あるいは保健・医療―幼児教育の専門職連携ならびに協働的な活動がみられる。

　たとえば、保健・医療―幼児教育の連携は、保護者との合意形成により保護者を介して進められ、短期的にも中期的にも、発達上の課題設定や問題解決のための個別のサポートが就学前学校に提供される。たとえば障害に対しても、保健・医療専門職のコンサルテーションによる日常での生活動作や視覚支援などの方法が、保育・教育者を通して子どもに提供される。

　スウェーデンにおいて、ヘルスケアの理念と目的においてもグローバルな考え方が反映されている。1989年に国連で採択され2020年1月1日にスウェーデンの法律となった「児童の権利に関する条約」を旗幟鮮やかに掲げ、チャイルドヘルスケアの「ガイダンス」においては、乳幼児ヘルスケアの計画や改善には子どもの利益が最優先されることが示され、子どもの視点から企図される

べきであると述べられている。

スウェーデンを歩いた 16 年間の折々に訪問した幼児の施設には、国内法として成立する前から、「児童の権利に関する条約」が掲示されていることが多く、数年前から、「アジェンダ 30[4]」のポスターも目にするようになった。健康という用語についても、WHO（世界保健機関）憲章（1948 年に効力が発生）前文に示されている健康の定義をテキストとしている。2018 年の WHO の保健デーのテーマである Universal Health Coverage : everyone, everywhere（「ユニバーサル・ヘルス・カバレッジ：誰もがどこでも保健医療を受けられる社会に[5]」）に対しても、出会った小児保健センターのスタッフの間で関心を向けているという声を聴いた。

「チャイルドヘルスケア・プログラム」によると、乳幼児ヘルスケアは、子どもの人権を掲げて、子どもが一人の人間として人生をスタートできるように配慮されている。そのための方法として、医学や心理学のエビデンスに基づいてあらゆるリスクと問題に留意するシステムがある。スウェーデンのヘルスケア政策は、緊密で連続的なケアシステムを通して子どもと家族の暮らし方にも関与するという意味において、福祉的な機能も有している。

（3）産科病棟におけるヘルスケア

子どもの誕生を迎える医療の場においても、暮らしのまなざしがすみずみに向けられている。産科病棟（Barn-Bord）が提供する 8 日（日齢 7 日）間前後の基本プログラムがあり、新生児と共に家族を含めて対象とするヘルスケアは、医療サービスと共に母子の健康管理をはじめ、子どもと親そしてきょうだいとの良好な関係性をはぐくみ、子どもが育っていく家族の環境を整え、親の子育てへの不安を軽減するなど、子育てに対する親へのエンパワメントも目的としている。

産科病棟で、新生児は母親と同じ部屋で過ごし、父親も多くの時間を共有し、感染症の問題がなければ、きょうだいの訪問も歓迎される。親子の関係性において、子どもと親との情緒的身体的なやり取りを通して愛着形成を促していくことも、助産師にとって重要な任務となっている。

産後プログラムを担当する助産師は、日齢 7 日を過ぎると、保護者からのアクセスを促して、地域の小児保健センターに新生児と家族をつないでいく。子どもに病気や障害が認められた（疑われた）場合には、病院やハビリテーショ

ンセンター（Habiliteringen）（本章 3 節（4）参照）との連携が開始される。子どもがどのような病気の状態でも、医療サービスとともに、愛着形成や子育て不安の軽減を重視する産後ケアの基本は同じであるという。

＜事例：ストックホルムのＡ公立病院における日齢 7 日間＞

① 産後プログラム

　出産をめぐる医療・看護のなかに、新生児が育つ生活環境を整えることや、家族との関係性や親との愛着の形成を促す役割を考えると、産科病棟は医療施設という日常から離れた特別な場所というより、地域の暮らしのなかにある子育てをめぐる社会資源の一つといえよう。

　ストックホルムにあるＡ公立病院では、母子の状態が心身ともに良好であれば、8 日間プログラム＜出産後 2 ～ 3 日は産科病棟入院―退院して自宅で 1 ～ 2 日間―再来の産科外来部門（BB-mottagningen）受診＞のどのタイミングでも、病棟スタッフは、直接または自宅からの電話で、親とコミュニケーションをとることに時間を割く。この間、母子の心身の健康状態を確認し、子育ての相談に応じ、父親やきょうだいとの関係性をはぐくむことも気にかける事柄という。

　このＡ公立病院産科病棟では、出産後の入院期間中でも新生児と家族の気持ちが和らぐように、各部屋は木製の家具と優しい色合いのカーテンや壁紙でコーディネートされ、目に入るインテリアにも工夫を凝らしている。共同で使えるお洒落なダイニングとリビングも備えられている。家庭での暮らしにできるだけ近づけるように考えられた空間で、親と子の新しい人生がスタートする。

　精神面・社会面で家族のニーズに応じて、病院内の心理師やソーシャルワーカーとも連携する。その間に、新生児マススクリーニングの結果を確認し、医療が必要な場合には産科病棟で治療を行う。また、出産手当や必要な社会サービスや医療を受ける手続きも進められる。障害、貧困、移民ゆえの困難さがあれば、その状態が解決できるように院内のソーシャルワーカーを通して福祉サービス機関へつないでいく。そして親に、乳幼児ヘルスケアの次のステップを担当する小児保健センターについての情報を提供し、親が主体的に小児保健センターにコンタクトを取ることができるように導いていく。

② 事例 1 ：親と子の関係性をはぐくむ

　Ａ公立病院産科病棟のＢ助産師（注 1）は、出産後の母親の精神的安寧とと

もに、子どもと情緒的・身体的に密接に関わることに配慮しているという。

　出産を終えた母親と、生まれたばかりの子どもを迎えると、まず、母親の気持ちが落ち着くように心がけます。戸惑ったり不安な様子がみられたりしたときには、じっくり話を聞いて相談にのります。お産にトラブルがあっても、母親や子どもに病気や障害があっても、ケアの基本は同様です。出産は大変な仕事であり、それだけでも意義があると話します。
　そして、母親が子どもと離れないで親密に接することができるようにセッティングし、母親が子どもに必要とされていると感じ、子どもを可愛いと思える時間を積み重ねることができるように手助けをします[6]。

病室では、母親は基本的に新生児とともに過ごし、母親は育児にも取り組む。B助産師は、「子どもを愛おしいと思う気持ちを重ねていけるように」、子どもとの温かい結びつきを促すために声かけにも工夫しているという。母親の心身の健やかな状態が、子どもの健やかな状態につながると考えている。こうして、親となることを支え、育てる力をエンパワメントしていく。
　子どもの誕生をめぐる父親の役割も大きい。出産・育児のための父親の休暇制度が整っている（注2）。出産時、特に異常分娩のときに、父親の母親への積極的な関わりがあると、母親は心強い様子を見せ体調も比較的良好だという。母親に安静が必要なときには、父親がかわって病室での育児を担当する。
　この10年、B助産師は特に子どもと父親との関係性についても重視しており、次のように語った。

　父親を対象とした調査では、出産に立ち会ったことや、出産後に一緒にいた時間が人生で最もすばらしい時期であったという報告や、出産に立ち会った方が子どもとのコンタクトが強いという結果もあります。スウェーデンでは離婚が多いのですが、離婚してもしなくても、子ども自身が母親と父親それぞれとのつながりがあることが大切だと考えています[6]。

新しい命の誕生に父親が傍にいて関わることが、父親と子どものその後の関係にも影響を与えるという[6]。B助産師は、子どもの存在は、夫婦にとって「かすがい」とはならないと考えている。ゆえに、親子の関係性を重視している。

離婚する場合も、育てられない事情があって養子に出す場合でも、子どもが一人の人間として母親と父親との関係性が保てるように、家族単位のサポートとともに、「母親と子ども」「父親と子ども」という一対一の関係づくりにも力を注いでいるという[6]。このような時間を積み重ねて愛着の形成を促し、この点については、小児保健センターの専門職へバトンタッチしていくという。

③ 事例2：障害のある子どもの誕生

　先に述べたように、誕生した子どもに病気や障害があっても、産科病棟における家族ケアや親と子の関係をつむぐための働きかけは継続される。

　A公立病院B助産師は、子どもに障害や病気があると疑われた親に対しても、検査の結果を待っている間にも「笑っているよ。かわいいね」と声をかけ、親が子どもを腕の中にしっかり抱くように促し、身体的にも情緒的にも親密な親子のやり取りを重ねることができるように心がけているという。ノーマライゼーションの考え方や多様性を大切にする人びとが多いスウェーデンにおいても、定型ではない子どもの誕生は親に悲しい動揺をもたらすことがあると、B助産師は次のように言葉を重ねた。

　　子どもに障害があると分かると、ほとんどの親は、落ち込んだり、未来に不安をもったり、どのような困難さがあるのかと困惑したりします。そのようなときは、障害は子どもの一部にしかすぎないのよ、と話します。そして、たとえば、「こんなにも元気よ」と他の良いところを強調してほめます。
　　Cさんの場合も同じでした。ダウン症と「告知」されてから、両親の表情が変わりました。子どもに向けられていた笑顔は悲しい表情に変わり、「どうなるのでしょうか」と、何度も何度も尋ねてきました。その赤ちゃんは、とても可愛い笑顔をしていて、母乳もゆっくりですが、真剣な顔をして飲んでいました。赤ちゃんが一生懸命生きていることを、一つ一つの動作を確認しながら話しました[7]。

　医師の障害告知のあと、B助産師はすぐに親と話をするために十分と考えられる時間を確保し、そして、親が子どもの状態を理解し受け止めることができるように、また親の希望にそって、カウンセリングや福祉サービスへの見通しをつけることができるように取り計らっていく。心理師やソーシャルワーカー

とのチームケアはスムーズにスタートできるという。

どのような理由であっても、親が子どもを育てられないと決断した場合には、ソーシャルワーカーが里親探しを開始するという[7]。スウェーデンでは、家庭で子どもを養育することを政策方針としており、B助産師の経験では、里親探しが難しくて乳児が病院に留まることは一度もなかったという。

B助産師はまた、親が希望した場合には、同じ障害や病気の子どもをもつ家族会と連絡をとる[7]。スウェーデンにおいても、家族会は互いの気持ちを受容し共感する場として、またセルフヘルプやピアサポート、そして、エンパワメントを図る場として活動を展開している。家族会とのコンタクトは、子どもの成長プロセスを知る機会や、さらに今から生涯にわたって受けることができるフォーマル／インフォーマルなサポートがあることを理解していく機会ともなる。

　　Cさんがダウン症の子どもや家族と会ってみたいと希望されたので、家族会に連絡をしました。翌日、12歳のダウン症の男の子と父親がやってきました。とてもチャーミングな男の子で、ニコニコしながら病室に入ってきました。赤ちゃんを見てすぐに、「この赤ちゃん、ボクとよく似ているね」と言って、思いっきり素敵な笑顔を見せてくれました。

　　父親は、子どもがダウン症であると分かったときの複雑な気持ちや、様々なサポートを受けて子どもを育ててきた12年を語ってくれました。そのなかで、専門職や家族会の支援によって気持ちが前向きに変化したことや、子どもの成長がみられて嬉しく思った出来事も話されていました。それから3日後、母親と父親は赤ちゃんを連れて家に帰っていきました。自分たちで育てていけると思えたのでしょう[7]。

B助産師によると、子どもを産んだから親になれるのではなく、子どもを育てていくと決心をして[7]親として自覚をもてる人や、時間をかけて親になる人もいるという。こうして産科病棟でのヘルスケアのあと、居住地域の小児保健センターが子どもと親のヘルスケアを担当する。病気がある場合には引き続き病院の小児科で、障害がある場合には、親の同意を得てハビリテーションセンターに紹介される。

（4）小児保健センターにおけるチャイルドヘルスケア
1）乳幼児ヘルスケアの目的とナショナルプログラム

　スウェーデン社会庁（Socialstyrelsen）は、乳幼児ヘルスケアの目的として、子どもの健康と発達を促し、疾病を予防し、子どもの健康や発育・発達上の問題に早期に気づき、早期に介入することによって、子どもの身体的・精神的・社会的健康に寄与する旨を示している。また「児童の権利に関する条約」を指針とした、子どもの利益ならびにエビデンスに基づくヘルスケアであることも明記している [1] [2]。

　スウェーデンで暮らすすべての乳幼児を対象としたヘルスケアの中枢施設は、小児保健センター（barnavårdscentral：以下、第2節（4）（5）においてはBVCと略す）である。センターでは子どもの健やかな成長を促すために、子どもと家族の健康に焦点を当てた包括的全人的なサービスを目標としている。健康増進・疾病予防を中心とする一次予防とともに、発達の課題に早期に気づき介入する二次予防、そして、子どもを取り巻く環境や親子関係を対象とするゼロ次予防ともいえる取り組みも重要な役目である。

　スウェーデンの子ども・子育て・親支援を包括し、家族に寄り添い、子どもと家族の暮らしを支えるスウェーデンの乳幼児ヘルスケアの基本に、スウェーデン社会庁によるナショナルプログラムとして、「チャイルドヘルスケア・プログラム」がある（表1）。このプログラムは、スウェーデンのどの地域に暮らしていても同じヘルスケアを提供できるように、小児保健センターの専門職や管理責任者がウェブ上で入手できるマニュアルである。

　このプログラムの項目に示されている、BVCにおけるヘルスケアは次のように多面的である。発育・発達上の留意点とフォローアップの方法、健診項目、予防接種、発達に問題が認められた場合の焦点化した支援、また、親との面談回数、家庭訪問、育児についての確認事項、親のヘルスケアに対する取り組み、親の孤立を防ぎ仲間づくりを促す親活動、さらに1歳からスタートする就学前学校についての情報提供などである [2] [3]。

　このプログラムの特徴は、健康観をWHOの定義に基づき、身体的・精神的・社会的な面へのアプローチを基本としていることにある。子どもの生活環境や安全性の確認、親の子どもに対する接し方やコミュニケーションを通して、愛着の形成も重要な課題としている。また、発達上の問題や疾病・障害などに対する特別なニーズがあった場合には、その問題に呼応した支援がシステム化さ

表1　チャイルドヘルスケア・プログラム（乳児期）における親支援
（親の生活や健康状態の確認、親グループ活動など）

記載項目	1－3週	4週	6－8週	3－5か月	6か月	8か月	10か月
基本項目	親からの質問						
		前回のフォローアップ					
	親グループ活動の情報		親グループ活動				
情報	小児保健センターについての情報					親グループ／テーマ：子どもの安全性	就学前学校のカリキュラム
親の役割		・親になること(睡眠、授乳)・平等な親の役割、ひとり親	他の親の経験について知ること	・他の親の経験について注意を向ける・平等な親としての役割、ひとり親	もう一方の親の経験について知ること		子どものケア
親の健康	・妊娠中と出産に関して。子どもの健康状態・両親の健康(子育て、睡眠、授乳等)		EPDSうつ認知のテスト	・EPDSうつ認知のテスト・一般的な感染症（予防、セルフケア、治療）			
生活状況	・家庭状況と社会的なネットワーク・親の生活状況(授乳と喫煙、子どもと喫煙あるいはスヌース、授乳とお酒、子どもとお酒)	家族の状況とソーシャルネットワーク	家庭状況	家庭状況(例 育児休暇の計画、親の役割、家族との関係)		家庭状況/育児休暇/ネットワーク	

Barnhälsovårdsprogrammet より整理し、2）3）から抜粋
＊アンダーラインは Web 上で詳細を確認できる項目を示す。
＊背景がグレーの部分は対応時期を示す。

れており、ハイリスクと考えられる子どもと親に対する予防的取り組みも示されている。さらに、子どもの発達に悪影響を及ぼすマルトリートメントや児童虐待を予防するために、その状態を早期に気づき、福祉など他の機関と連携し

て対応することも明記されている。

　また、日常的な BVC の活動の１つに、乳児期から、誰でも、いつでも、親子で通うことができる地域のファミリーセンター（図）で設けられているオープン保育室での巡回があり、看護師が子どもを観察したり親の相談にのる姿もみられた。BVC の看護師はこのような活動を通して、地域での乳児保育と連携する。これまで見学した７か所の BVC のうち４か所で、同じ建物あるいは隣接した建物の中にオープン保育室が設けられていた。オープン保育室は、親にとって気楽に立ち寄ることができ、親同士の交流の場となり、子どもに対する保育士の接し方を観察して子育て方法を学ぶこともできる場である。

図　イェブレ地方にあるファミリーセンター

　左後方に小児保健センター（BVC）（写真左）、右手前にオープン保育室（写真右）が配置されている。このファミリーセンターでは、保健、保育、福祉サービス部門が設けられており、子どもと親のニーズを認めた場合には、各部署の専門職や担当者が集まり、包括的な支援が提供できるように協働している。オープン保育室を巡回して、子どもと親に声をかけている BVC の看護師の姿をみかけることがあり、子どもの発達上のリスクに対して早期に気づく予防的な機能もある。

＜例：言語・コミュニケーションの発達評価＞

　BVC が留意する発達の一例として、乳児期の言語とコミュニケーションの発達評価を取り上げる。言語やコミュニケーション発達にみられる問題は珍しいことではないという。コミュニケーションとは、「伝えるためのすべて」であり、年齢階級ごとの言語やコミュニケーション習得の方法、表現の特徴に注目し、表情、動き、声のトーン、音、視線、そして、しぐさやサイン、ジェスチャー

など、言語性・非言語性の表現に、子どもの特性がみられる[8]。

　「チャイルドヘルスケア・プログラム」によると、担当看護師は親から日常の様子を聞きながら、言語能力を言語とコミュニケーション両方の視点から評価する（表2）。親から子どもへの働きかけと子どもの反応、精神運動や社会性など心身の発達も含めた全体的な発達のなかで把握していく。自分の思いや考えを伝える力は、スウェーデンの多文化社会を他者と関わりながら自分らしく生きていくために、重要な発達課題である。0歳からスタートする乳幼児ヘルスケアでも、1歳からスタートする就学前教育でも取り組むテーマのひとつとなっている[9]。

表2　言語能力評価の例

【6～8週間】 ・「応答のほほえみ、その応答音や喜びの声」を確認。
【3～5か月】 ・「応答のほほえみ、その応答音」での評価をフォローアップ。 ・母音が出るかどうか。
【6～8か月】 ・子音と母音が一緒になった変化ある喃語の発達を確認。 ・おしゃべりや声に対する興味やアイコンタクト。 ・ボールで遊んでいるなかでの、目の動き。 ＜フォローアップのポイント＞ ・喃語が出ないとき ・声や対話に興味を示さないとき ・目でボールを追わないとき ・音に反応しないとき 　→　喃語、声や音に反応しないときには、聴覚評価を実施。
【10か月】 ・指さしができるかどうか。 ・話をしている相手を見るかどうか。 ・「いない、いないばー」：楽しむことができるかどうか、反応を評価。 ・2つの積み木で大人がしたことを模倣できるかどうか。 ・「ボールはどこ」と聞いて、ボールを探すことができるかどうか（言語理解）。 ・指示が分かるかどうか。 ・分節音に近い喃語を発するかどうか ・有意味語 ＜フォローアップの専門職＞ 　⇔　聴覚障害で必要な場合には医師、それ以外では言語聴覚士が担当。

Barnhälsovårdsprogrammet より筆者作成　9）より抜粋加筆

2）乳幼児ヘルスケア・サービスの実際

　スウェーデンの乳幼児ヘルスケアはまた、個別的で、暮らしに密着している。4歳児の母親であるDさんは、子育てに関しては、家族よりも友人よりもBVC（小児保健センター）が拠りどころであると語る。「子どものことで相談があれば、どのような些細なことでもBVCに電話をします。子どもを見てくれる看護師はいつも同じです。その担当看護師が不在のときには相談内容を伝えると、次の日には必ず電話があります。緊急の場合には代理で対応してくれます」。発達上で心配があったときには専門医につないでもらい、その結果についてのフォローアップも丁寧であったという。

　BVCでは、学校保健へとつなぐ5歳まで、一組の親子について同じ看護師が担当することが多く、子どもの育ちを経年的に親とともに確認していく。家族の心配事にも応答的に関与する。さらに次の子どもを担当する場合には、家族とのつながりは10年を超えることもあるという。経済的な問題があれば福祉機関につなぎ、治療が必要であればBVCの医師に紹介し、そのときも、看護師は親子とコンタクトを取り、子どもの健やかな育ちと親の気持ちを支えていく。病気であっても、障害であっても、子どもには発達があるという理解があるからである。行動や知的・認知面での顕著な困難さが子どもに認められれば、医療、教育、福祉とも連携し、必要な専門職によるチームアプローチを企画していく[9]。

　これまで、ストックホルム、イェブレ、マリエスタッド、マルメのBVCで出会った看護師から聞いた共通の言葉がある。「親との信頼関係を築くことが、ヘルスケアの第一歩[10]」を意味する言葉である。BVCで、ラポールに基づいた親子と担当看護師との面談の様子を見ていると、看護師という専門職が家族の一員であるような印象さえ受ける。乳児期に頻回な関わりを重ねてより深いラポールを築き、親の感情や質問に受容的応答的に対応し、親の意思を尊重し、親が孤立しないように親同士のグループを作って仲間意識を育て、親が親として成長していけるように力づけていく。このような日常の暮らしに目を向けたトータルなケアがあってこそ、健やかな子どもの成長が可能になると考えているようである。

　このようにBVCは、子どもの健康に対するフロントラインに位置し、子どもと家族に対してプライマリーなケアを提供している。また看護師は、チャイルドヘルスケア・プログラムを拠りどころとするだけではなく、同じ看護師同

士の勉強会や医師や心理師や栄養士のスーパービジョンを重ねている。担当看護師は、看護師資格の取得後、小児看護あるいは地域看護専門のコースを修了していることが多く、たとえば、ストックホルムの BVC でインタビューに応じてくれた看護師は小児の専門知識と技術を学び、Barnsjuksköterska（直訳すると小児看護師）と称されていた。

＜事例　ストックホルムにある E 小児保健センター（BVC）の F 看護師の活動＞
①　緊密な支援
　産科病棟より情報を得て、親のほとんどが自主的に BVC にコンタクトをとる。ストックホルムやイェブレ、マルメを例にみると 100％に近い数字が示されている地区もあるという。親からの連絡がない場合には、BVC からコンタクトをとる。とくに急増している難民の子どもたちにヘルスケアを受けてもらうために、積極的な働きかけの必要性が増しているという。
　ストックホルムの E 小児保健センターで働いている F 看護師は、地域で子どものヘルスケアを担当して 20 年が過ぎる。最初の電話では、親しみをこめて子どもの誕生を祝い、何よりも面接の約束をするという。親の希望によって、センターで会うことも、家庭訪問することもある。初回時には、母親、父親、乳児の 3 人で会いたいと伝える。育児休暇制度によって、多くの父親が同席してくれるという [10]。
　初回は 1 時間程度の時間をとる。その折には、❶乳児と母親の健康状態のチェック（本人の承諾を得て産科病棟の助産師にコンタクトを取る場合もある。父親からみた母親の妊娠時、出産時、現在の様子を聞く）、❷親から質問を受け、共感しながら応答的に対応し、ニーズを把握し支援につなげ、❸BVC におけるサービスについて説明し、次回の面接の約束をする。
　F 看護師もまた、ラポールを築くことを重視している。家族の状況も含めて子どもを取り巻く環境について把握し、どのようなことでも、相談しやすい関係を作ることに努めているという。障害については、子育てをしながら「なにか、おかしい」と気づいている場合が多く、面接でその親の気持ちをキャッチすることも早期発見の機会となる。支援は特別なものではなく、通常のヘルスケアの枠組みの中にあるニーズに呼応する支援である。

　これまでの経験から、発達の遅れがあるのではないかと疑いを抱いている

親には、話をじっくり聞きます。きょうだいをもつ母親は、他の子どもと何か違うと感じていたようです。その結果、軽度ですが、2か月の時に脳性まひであると分かった女の子がいました。疑いがある場合には、BVC の小児科医に相談をします。より専門的な検査や治療が必要だと判断された場合には、その小児科医から専門病院に紹介状を書いてもらいます[10]。

面接を重ねることによって、生活状況や家族についての情報が重なり、親子のニーズも把握しやすくなる。乳幼児のヘルスケア・プログラムにも面接回数が記されているが、F看護師は、それに親が安心できる回数を加える。医師による健診時や親のグループワークや勉強会の活動支援を含めると、多い場合には、一組の親子につき、乳児期に 22 ～ 24 回は会っている。もっとも多い日には、1 日 20 組の面接を行ったこともあるという[10]。

② 予防とニーズ対応を重視するヘルスケアの内容
　F看護師によるヘルスケアの主な目標は❶健康増進・疾病予防、❷早期発見・早期介入、❸子育て支援、である。専門職連携の視点からみると、❶では栄養、睡眠、健康・発達など生活に関わる全般的な相談・指導を行うため、医師や心理師そして栄養士からスーパービジョンを受けており、❷について、乳幼児期は子どもの障害や病気を早期発見しやすい期間であるため、障害や病気が疑われた場合にはすぐに小児科医につないでいく。❸では、親が親として自信をもてるように力づけ、特に母親の精神状態（「産後うつ」やストレス）の確認（表1）、親との信頼関係の維持、面接以外にも電話での相談、親グループ活動や勉強会を計画し実施している[10]。
　健診内容は年齢によって異なるが、身体発育や生理機能に関する事項とともに、情緒、認知、社会性、言語、運動に対するアセスメントがある。視覚や聴覚の検査、歯の検査、栄養状態も対象となる。たとえば8か月のころにはアイコンタクトを確認し、5歳児ではとくに神経発達症群（発達障害）の範疇にある障害の早期発見に留意して、粗大・微細運動、言語・コミュニケーション、社会性、認知機能に対して発達評価を行う[10]。心理師や言語聴覚士、理学・作業療法士などの協力を得ることもある。障害が疑われる場合には医師と相談の上、地域のハビリテーションセンター（本章3節（4）参照）や児童青少年精神科診療所（本章3節（4）参照）などを紹介し、支援プログラムへとつなぐ。

また、親の健康状態が子どもの健康状態に大きく影響することから、離婚、アルコール依存症、病気、養育困難、経済的困窮などの親の問題に対しても、福祉機関や医療機関と連携し、ソーシャルワーカー、医師、心理師などの専門職と協働してチームアプローチを行っていく。

③　親グループ活動
　F看護師は、赤ちゃんが月齢2か月を過ぎると、親グループ活動や親の会への参加を勧めている。母親か父親のいずれかが、少なくとも子どもが1歳の誕生日を迎えるころまで育児休暇をとることが多い。子育てに専念でき、地域での人間関係を広げることができる時間である[10]。
　親グループ活動には、重要な目標が設定されている。❶親が孤立しないように地域で親同士のつながりを作ること。❷共感的関係を促すこと。❶では移民の人たちにとっては、母国が同じ人と知り合う機会ともなる[10]。❷では、障害など類似した問題に悩んでいる親同士のグループをつくることによって、発達課題や障害のある子どもに対する勉強会などを一緒に行うことができる。悩みを一緒に考え、共感し合い、ピア・カウンセリング的な仲間として支え合っていくこともある。
　グループづくりには、初産の親のグループ、複数の子どもがいる親のグループ、ファミリーグループ、母国語が同じグループや母親が類似した職業を有するグループ、父親グループなど、仲間づくりがしやすいように共通点があることを大切にしている。グループは数名単位で、少なくても、年に数回の会合をもつ。看護師はファシリテーターとして会を応援するときも、親だけのグループ活動を少し離れて見守るときもある。

　親グループ活動は1回1時間半程度です。赤ちゃんも一緒に参加してもらいます。テーマは、私が決めています。面接時に気になった話題を取り上げることもあります。グループ活動が軌道にのったころに、親からの希望があれば、それをテーマにすることもあります。最近は、子育ての不安、母親の体調、授乳や離乳食、飲酒、さらに夫との関係や、兄や姉になった子どもの育て方などです。上の子どもに怒りをもつ親も最近多くなったように思います。その怒りの原因に対して一緒に考え、どのようにセルフコントロールをしていくかについて学んだりしています。親だけの集まりも企画しています[10]。

前述の母親Dさんは、子どもが3か月のころに、母親が似たような仕事をもつグループに招かれ、隔週火曜日10時集合のグループ活動に誘われた。子どもが10歳になった今でも、グループで時々集まる友人関係が続いているという。

　このようにBVCでは、親と子の暮らしそのものに関わり、その折その折のニーズに対応して、身体面、精神面、社会面での健康づくりを担っていく。それは、ICF（国際生活機能分類）からみると、生活機能における「活動」や「参加」の質を高めていくために、医学的な見地に立つ支援だけではなく、「環境因子」を調達し、「参加」の場を設定するという手法も用いながら、親と子が健康に暮らし生きることを支えているといえる。

（5）チャイルドヘルスケアの機能

　産科病棟そして小児保健センター（BVC）が提供するヘルスケアは、地域の暮らしの中で、誰にでも手に入る社会資源であり、子どもの健康をプロモートするフロントラインである。子どもと親を含むトータルなケアには、述べてきたように、子ども支援、子育て支援、そして親育て支援も含まれる。ヘルスケアはまた、スウェーデンの社会が子どもの成長に不可欠としている価値を、親が身につけていくプロセスでもある。そのような意味で、ヘルスケアは教育的機能も有する。

　小児保健センターを窓口として、必要に応じて、治療やハビリテーション、福祉サービスなどの地域の社会資源につながるネットワーキングがある。生活・経済面での福祉的ニーズがあれば、健康的な生活を維持できるように福祉職が動く。また、教育現場（1歳からスタートする就学前学校）では教育とケアを保育職、教育職が担う。ケアの方法は異なっていても、専門職が子どもの支援に連携・協働できるシステムがある。医療の場にも、子どもの生活や発達に対する「まなざし」があり、それは暮らしの中で、保健・医療・保育・教育・福祉などの横断的な横の連携だけではなく、子どもの成長発達に寄りそう縦の継続サポートとしても具現化している。この結果、ヘルスケアシステムもまた、子ども時代に格差を作らない社会的機能を有する。

　BVCのどの看護師からも、定型発達を一つの基準にしているものの、その子どもなりの成長を親に寄り添いながら促していくという考え方が伝わってくる。障害の診断が下されても子どもの発達支援という意味では同じである。

　スウェーデンの多様性の尊重という課題には、障害や病気だけではなく、宗

教も言語も慣習も異なる国々から移り住んだ人々の文化やLGBT（注3）なども含まれる。子どもの貧困による健康問題も含めて、乳幼児ヘルスケアが提供する特別支援の視点と実践は、スウェーデンという国のなかで、誰でもがその子どもやその人なりに健やかに生きるために、また、その子どもらしく成長していくために、子ども時代に格差を作らないツールである。

　特別な場所ではなく、暮らしのすぐそばで、必要なときに誰もが手に入れることができる、点でも線でもない面のサポートを地域に創り出すことは専門職の価値でもある。一人ひとりに寄り添う支援は、一人ひとりの必要に応える暮らしの中にある「特別な支援」ともなる。政策に基づく専門職の関与と介入によって、乳幼児チャイルドヘルスケアは、ミクロレベルでは安心した子ども・子育て支援や家族の健康づくりにつながり、マクロレベルでは、健康づくりに対する蓋然性の獲得という意味でソーシャルコントロールとしての機能を有しながら、スウェーデンの社会形成の一翼を担っているといえよう。

（注1）　日本の「助産師」に類する。看護師となり、現場経験を経てから1年の専門コースを修了して「助産師」となる。
（注2）　現在の育児休暇制度では、父親・母親は育児のために合計480日間の育休（有給）を取得できることとなり、現在、自分がとらなければ、配偶者に譲ることができず権利を放棄することとなる育休が90日となった。また、育児休業とは別に、出産に対する「父親休業」と呼ばれる10日間の制度がある。
（注3）　セクシュアル・マイノリティー（性的少数者）の一部の人々を指す総称で、Lesbian、Gay、Bisexual、Transgenderの頭文字をとり、このように表されている。最近ではSOGI（Sexual Orientation：性的指向とGender Identity：性自認の英語の頭文字）も使われている。恋愛対象を示す概念と性別に関する自己意識であり、SOGIは、人のアイデンティティや性のあり方を尊重した言葉である。

引用・参考文献

第2節（3）は引用文献3）6）7）を（4）は3）10）を土台に大幅加筆修正を行った。
1）Socialstyrelsen : Vägledning för barnhälsovården（2014）
https://www.socialstyrelsen.se/globalassets/sharepoint-dokument/artikelkatalog/
vagleding/2014-4-5.pdf,（2023年3月1日最終参照日）
2）Barnhälsovård：詳細はBarnhälsovårdens nationella program - Rikshandboken i barnhälsovård
（rikshandboken-bhv.se）（2023年3月1日最終参照日）を参照されたい。ウェブ上で公開されているBarnhälsovårdsprogrammetを用いて内容を整理し公表することについては、ウェブサイト編集者であるINERAのHanna Qwist氏から許可をいただいた。
3）小野尚香（2019）「乳児の発育・発達を支える"Barnhälsovårdsprogrammet"～スウェー

デンにおけるナショナル・チャイルドヘルスケアプログラム〜」『畿央大学紀要』16（1），
43-52.

4)「アジェンダ30」については、国際連合広報センターホームページを参照されたい。
https://www.unic.or.jp/activities/economic_social_development/sustainable_
development/2030agenda/，（2023 年 3 月 1 日最終参照日）

5) 公益法人日本 WHO 協会：https://www.japan-who.or.jp/about-us/world-health-day/，（2023
年 3 月 1 日確認）

6) 小野尚香（2011）「スウェーデンの保健・医療・福祉制度—小児保健活動（1）子どもの誕
生に関わるヘルスケア」，『保健師ジャーナル』67（1），148-152.

7) 小野尚香（2011）「スウェーデンの保健・医療・福祉制度—小児保健活動（2）障害児の保
健医療サービスと家族支援」，『保健師ジャーナル』67（2），244-249.

8) 小野尚香（2018）「スウェーデンにおける言語・コミュニケーションの発達（1）子どもの
発達を支える「特別な支援と専門職の役割」『育誠』542 号，4-5.

9) 小野尚香（2018）「スウェーデンにおける言語・コミュニケーション発達の評価と支援（2）
乳児期：対話のはじまり」『育誠』543 号，4-5.

10) 小野尚香（2011）「スウェーデンの保健・医療・福祉制度—母子保健活動　小児ヘルスセンター
の役割」『保健師ジャーナル』67（3），338-343.

3 ルポ：障害のある子どもに対するヘルスケア

（1）ノーマライゼーションを指向する社会に暮らす

　スウェーデンの生涯教育は就学前学校（förskola）から始まる。就学前学校
は教育省の管轄下にあり、1 歳児から受け入れている。義務教育は 6 歳からで
あるが、就学前学校の就学率は高く、待機児童は基本的にいない。障害や病気
の状態であっても、海外から入国したばかりでスウェーデン語が分からなくて
も、子どもは地域の就学前学校に入ることができる。

　この章では、インタビュー調査あるいは参与観察などの協力を得られた、障
害児が在籍する就学前学校 17、ハビリテーションセンター 11 ならびに児童・
青年期精神科診療所（BUP）7（訪問数はいずれも延べ数）から知り得た実践
内容の一部を報告する。

　ふと、幼児期の子どもたちが少し未来に通う基礎学校（日本の小・中学校に
相当）の歴史に目を向けると、スウェーデンでは、1970 年代に「場の統合[1]」
が進み、障害のある子どもたちが在籍する多くのクラスが、同じ学校の建物
や敷地内に設けられている。まず、ストックホルムの基礎学校にある重度重

複障害学級の担当教員の言葉、続いて他のクラスの子どもとの交流や特別支援教育の弾力的運用の様子について記したい。

　毎日一緒に過ごす時間があって、だから、お互いをよく知っているのです。就学前学校から一緒だった子どももいます。子どもは「障害児」と思っていないですよ。できないことがある、でも一生懸命頑張っている、と思っています。一緒にいることで、いつの間にか、助け合う関係もできていきます。一方は大人になって高い税金を払う子どもです。もう一方には、その税金によるサービスで暮らす子どももいます。でも、一緒にいることで、存在が向き合い、お互いを支える関係ができていくように思います（2016年9月視察）。

　ストックホルムにある、その重度重複障害学級は通常学級に隣接して設けられ、ランチタイムや休み時間には自由に出入りする他のクラスの子どもと共に過ごし、自分なりの表現でコミュニケーションを楽しむ。一緒に過ごす時間の中で、通常学級の子どもたちは、歩くとか、話すとか、自分にとってあたりまえのことが、どれ程、望んでも、できない子どもがいることにも気づいていくという。

　訪問した基礎学校8校ではまた、通常学級に附設するリソースルームがあり、授業中に通常の教室とリソースルームを行ったり来たりしている子どもがいた。集中に欠ける子どもが10分間、教室と1枚のドアで区切られた部屋に行って問題を解いている姿や、科目によって子どもを取り出し、スウェーデン語や授業の内容が難しい子ども2〜3名を対象とした別室指導を目にした。

　通常学級に附設する小さなリソースルームとは別に、子どもにニーズがあるときに、随意に日本でいう「特別支援学級」が設けられることも多いという。スウェーデンに住んでいる日本人の中にも、スウェーデン語に慣れないため、短期間、「特別支援学級」に通った経験がある子どもがいた。スウェーデンの教育現場は一人ひとりのそのときの状態に呼応した教育環境を整備しているという意味で、特別支援教育は特別ではなく、子どもの必要に応じて、適宜、当然の支援として提供される教育の一つのかたちである。また、幼児期や学童期の特別支援教育を支える一例として、地域を網羅する発達障害のある子どもに対する支援システムがある。幼児期については後述する。学童期のシステムに

ついてはコラム①「学童期の教育と医療の連携事例」に記した。このように、スウェーデンの基礎学校におけるインクルーシブ教育システムには、共に学ぶ場で一人ひとりの子どもの状態に配慮した特別な支援の様相がみえる。それはまた、共に学び共に育つ就学前学校の延長上にある。

　WHO が掲げた健康観（本章5節（2）参照）、後述する ICF が示す「生活機能（活動と参加）」と「環境因子」との関係性という視座から、概念形成において著しい発達を示す幼児が通う就学前学校の特別支援教育と、だれでもが共に学び育つために連携する障害のある子どもを支える医療・保健ならびに公的なシステムに目を向ける。

（2）就学前学校における特別支援教育とヘルスプロモーション
1）あたりまえに誰でもがいること
　「インテグレーションではなくインクルージョンです」。訪問先の就学前学校のどの校長からも聞いた言葉である。インクルージョンとは、障害があっても一緒に、ではなく、どの子どもも、その子どもなりにあたりまえに教室の中にいること。校長たちの声によると、それが、就学前学校において大切にされている理念であり姿である。スウェーデンという国の公平性は、社会は多様な人の集合体であることへの理解を人々に涵養し、一人ひとりのニーズに応じた社会サービスを策定してきたことに支えられている。インクルーシブ教育もその一環である。誰もが教室という同じ空間にいて共に学び、その一方で、子どもの特性に応じた、あたりまえに組み込まれた特別な支援を実践している。

　ストックホルム市内で、自閉スペクトラム症の子どもたちにとって「最後の砦」といわれる公立就学前学校（2017年9月訪問）の校長と副校長は、「みんな子ども、私の前にいるのは、子どもです。子どもに困難さ（障害）があっても、難民として来て心が病んでいても、それは子どもの一側面にしか過ぎない。ケアをするための知識と技術があるので、大丈夫です」と口をそろえた。

　校長はまた、「みんな違う。それぞれに素晴らしい。優劣ではなく個性なのよ」と述べた。神経発達症（発達障害）、特に自閉スペクトラム症の子どもたちを多く受け入れていることに対して、「どのようなことに大変さがありますか」と質問すると、「大変なことは何もないわ。私たちの前には、ただ、子どもがいるだけ。子どもには障害があったり行動の問題があったりするけれども、

図1　ダウン症の日のソックス「みんな違う　けれども、みんな素敵」

私たちには知識があるし、指導の仕方も理解しているので、他の子どもたちに対する適切な教育を提供することと同じですよ」と言う（図1）。

　子どもの状態やニーズに呼応して、また子どもの学び方に応えて、そして、カリキュラムマネージメントを工夫して、一斉指導だけではなく、後で述べるように、1日の流れの中で少人数の指導ができる時間を設けていた。

2）子どもがあたりまえに生きることを支える法と医療

　公立就学前学校では、障害、病気だけではなく、難民の急増でスウェーデン語が分からない子どもや、文化や宗教による違いによって配慮すべき子どもが多く在籍している。ジェンダーやLGBT（SOGI）に対する理解を深める、つまり男らしさや女らしさではなく一人ひとりの個性やアイデンティティを尊重することを大切にする教育に力を注いでいる就学前学校もある。2008年制定の「差別禁止法：Diskrimineringslag」が追い風となり、概念が形成されていく幼児期に、子どもたちが一人ひとり違うことを互いに理解することは、就学前学校における教育の重要事項となっている。

　その特別な支援は、子どもの状態や発達段階によって変化する。子どもを観察して、保護者の希望を聞いて、障害や病気の場合には医療とも連携をする。特に神経発達症群の範疇にある障害は、「状態」の診断ともいえるため、子どもの困難さや支援のニーズは、環境とくに大人や子どもとの関係性や物理的な介入方法によっても変化していく。また、2010年に発表され幼児期の発達課題に対する支援に大きな影響を与えたイェーテボリ大学ギルバーグセンターによる"ESSSENCE（第4章参照）"は、診断の有無に関係なく、子どもに困難が

あると気づき判断される状態に対して、幼児期の特別な支援を早期に、継続的に行う重要性とその効果を示している[2]。

3) 関係性をはぐくむ

　子どもの発達を促す教育的支援は日常的でもある。子どもが「共にいる」こと、つまり集団の引き合う力も教育的支援に活用される。訪問先の就学前学校に共通していたことは、障害があっても、その日その時に、「苦痛に満ちた心身状態」でなければ、全員で過ごす時間があり、話し合ったり、一緒に手遊びをしたり、歌ったり、造形に取り組んだり、野外で遊んだりなどの集団でのプログラムが用意されていたことである。

　個別の配慮は、子どもの発達レベルや状態に応じて席を配置したり、クラスの中での役割を決めたりすることにも及ぶ。誰が隣に座るのか、集団活動が難しい日は、写真を撮る係など、ICFでいうところの「参加」の状態を調整し、共同作業を可能にする。アシスタントが入る場合でも、「支援ありき」ではなく、子どもの主体的な行動を待って、その行動を見守りファシリテーターとして動きながら支援をするという姿がみられた。

　知的発達の遅れや自閉スペクトラム症、注意欠如・多動症傾向の強い子どもに対しては、その障害程度に応じて、全体活動から取り出して行われる少人数プログラムが設けられているところが多い。アシスタントが横に座してグループ活動のサポートを行い、また、見学を希望する親が参加している教室も珍しくなかった。親はそこで子どもに対する関わり方を学ぶという。

　全体教育の場でも、少人数グループワークの教室でも、子ども同士の関係性をはぐくむプログラムが組まれている。朝の会でも、子どもたちは、先生の誘導（例えば、「隣の子は笑っているかな？」「一人ぼっちの子どもはいないかな？」「困っている子どもはいないかな？」など）で他児を意識し、自発的に困っている子どもに声をかけたり、手助けしたり、教え合ったりする集団の姿が見られた。

（3）就学前学校におけるインクルージョンのかたち

　就学前学校4校を取り上げ、障害のある子どもたちがどのように学校での活動に参加しているかを、学校内での子どもの居場所から概観する。

<事例１＞

　イェーテボリ郊外にある公立就学前学校では、知的発達に遅れが認められない場合には基本的には同じクラスで一斉指導を受ける。知的障害のある子どもに対しては、時間を区切って小グループの学びの場が設けられており、子どもに対する接し方を習うために親も同席することができる。

　この就学前学校は難民が多く住む地域に位置している。特に５歳児に対してはスウェーデン語での日常会話ができるように、特別な時間と小さな教室が用意されている。言葉を覚えるために、親もクラスに参加することが認められている。ストックホルムの就学前学校でも、スウェーデンに着いて間もない親たちが、言葉や文化を学ぶために子どもと通学している姿を見かけた。スウェーデンに入国したばかりの人たちにとって、子どもが通う就学前学校は安全・安心な居場所となる。

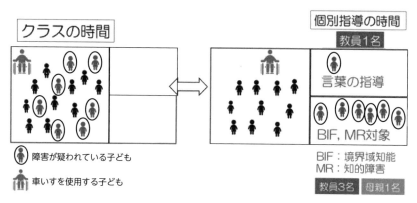

図２　訪問時のイェーテボリの公立就学前学校（2014 年９月視察）　個別指導対
　　　象の子どもの中には、海外から入国したばかりでスウェーデン語が分からな
　　　い子ども１名が含まれる

<事例２＞

　ストックホルム東部に位置する公立就学前学校では、医療的ケアが必要な重度重複障害を対象としたクラスに３名が在籍していた。その中の１歳の子どもは低出生体重児として生まれ、訪問した日は軽いけいれん発作を起こしており、保育士に抱かれて声をかけられ、看護師の指示を受けたケアが提供されていた。他の２人は「寝たきり」に近い状態である。この教室のガラス窓から校庭が広がり、子どもたちは互いに様子を見ることができる。子どもは子どもに関心が

あるようで、ベッドに横たわったまま、目は校庭の子どもたちの動きをキョロキョロしながら見ていた。

重度重複障害の子どもに対しては、就学前学校という生活の場でできる医療的方法に基づいた教育的支援が提供される。たとえば、医療職のコンサルテーションを受けながらの、保育士によるハプティックセラピー（有資格者）やスヌーズレンである。ベッドまわりには、壁面の文字や数字、様々な硬さや色の音が出る玩具、少し大きな絵本などをそろえて、子どもの視覚や聴覚を活用して発達を促すことにより、言語、感覚・精神運動能力を伸ばしていくことを目的とした個別の教育プログラムも用意されていた。

通常のクラスでも、言語・コミュニケーション、運動などに困難さがある子どもが在籍しており、子どもを担当する保育士や教員は学外の専門職（作業療法士、言語聴覚士、心理師、特別支援教育指導教員（注1）など）の巡回指導やコンサルテーションを受けて、個別の指導計画を作成している。

ハビリテーションセンター（Habilitering）の外来治療を受けている子どもの場合には、ハビリテーションセンターでの訓練と就学前学校での日常動作を組み合わせて、訓練効果をあげることができるように、センターから派遣される医療専門職によるコンサルテーションが定期的に提供される。作業療法士や言語聴覚士などによる運動や言葉訓練が保育士に指導され、教育の場での生活動作や、遊び方や学びの中に取り入れられる。例えば、身体動作として、服を着替えるときの手の動かし方の指導などである。つまり、医療と教育との連携により、医療的ケアは個別の教育的支援に組み込まれ提供されている。

コミューン（基礎自治体）の特別支援教育指導教員も、教育現場からの要請に応じて巡回している。りんごを食べる時には、りんごの絵と言葉の両方を示し、「りんご、おいしいね」と概念を意味する言葉を繰り返す方法などが、子どもの学び方や能力に応じて指導される。特別支援教育指導教員は、「ハンドリングペーパー（日本における「個別の教育支援計画」「個別の指導計画」に類似したもの）」作成にも関わる。いずれも、子どもの特性や困難さをアセスメントして、発達課題を観察し把握しながら、子どもの興味関心と学力を意識した指導方法を工夫しているという。

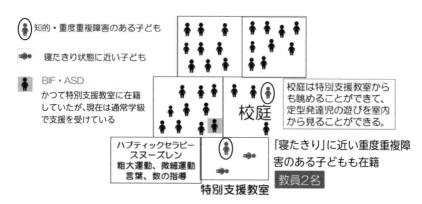

図3　訪問時のストックホルム公立就学前学校（2015年2月視察）重度重複障害のある子どもが在籍

<事例3>

　ストックホルムの住宅地の一角にある親協同組合就学前学校（注2）には、幼児が19名在籍している。校長は元公立就学前学校教諭で、子どもの障害やニーズに合わせて年度ごとにスタッフを揃えている。訪問した年には自閉スペクトラム症が疑われる子どもを迎えたため、発達専門の心理師を採用した。当時、ダウン症の子どもを加えて障害のある子どもは2名在籍していた。

　子どもの発達を促す教育が提供できるように、必要な支援と適切な指導が行えるように、コミューンから派遣される特別支援教育指導教員のスーパーバイズを受け、「ハンドリングペーパー」を作成している。ニーズのある子どもに対する特別な支援教育が他の子どもにとってもプラスになるように、クラス全体での教育的効果も考慮に入れているという。

　この学校では、「子どもの権利」についての教育に力を入れており、「子どもの権利」について書かれた絵本の読み聞かせを通して、一人ひとりが大切な存在であること、互いに思いやりの気持ちをもつこと、そして、子ども同士がコミュニケーションをとることの大切さを涵養していく。この点は、就学前学校のナショナルカリキュラムにも織りなされている教育の目的でもある。

　言語性コミュニケーションが難しい子どもには、簡単な手話や絵カードを日常的に取り入れて、自分の思いを伝える方法についても指導している。言語に障害がある子どもだけではなく、この小さな就学前学校のすべての子どもは、簡単な手話ができる。校長は、「見ていると、何も言わなくても、ダウン症の

子どもを誰かが助けているのです。一緒にしようね、と声をかけているのです。ダウン症の子どもができる範囲も分かっていて、役割分担もできるのです」と、子ども自身に集団で引き合う力があると話した。

　校長によれば、ICF を用いれば、ダウン症の子どもにとって、医学的に障害があったとしても、教員の理解と支援そして子ども同士の関係性により、「生活機能」の「活動」と「参加」において、就学前学校の場ではマイナス（「障害」）にはならないという。共に生きる社会づくりは、幼少期からの子どもを取り巻く大人の価値と、子ども同士の支え合う関係性をはぐくむことの延長上にある。

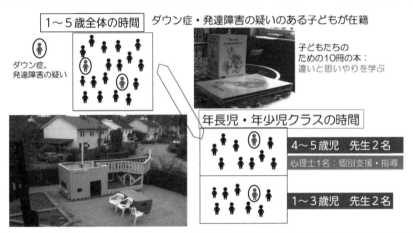

図4　訪問時のストックホルム市郊外親協同組合就学前学校（2016 年 9 月視察）
　　　ダウン症、自閉スペクトラム症の疑いのある子どもが在籍

＜事例4＞

　ストックホルム北東に位置する公立就学前学校は、先に述べた、どのような子どもでも「うまくいく」と言われているほど評判が良い学校である。自閉スペクトラム症と診断された子どもの母親も、最後にたどり着いたこの学校で、「はじめて、子どもが楽しく通うことができた」と話す。

　校長はどのような障害があっても、子どもが興味をもって楽しく学べるような知識と指導方法についての勉強を重ねてきたという。前述したように、「私の前にはただ子どもがいるだけ。子どもの障害に対する知識があるので、どの子どもでも歓迎しています。子どもは日によって違いますし、特別な支援や配慮はどの子どもにとっても必要です」という言葉が重なった。ここでの行動上

学習上において特別な支援の対象は、診断の有無に関わりなく、その日その時にニーズのある子ども全員である。

　この学校でも、重度の自閉スペクトラム症の子どもを、時間を決めてクラスから取り出し、特別な教育を行う。その部屋には、子どもの発達を促すために五感を活かす教材とプログラムが設けられていた。

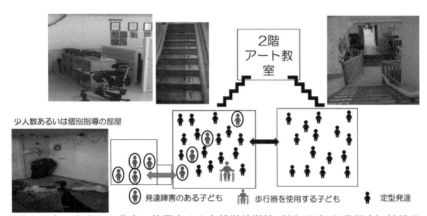

図5　ストックホルム北東に位置する公立就学前学校（2017年9月視察）神経発達症（発達障害）、肢体不自由のある子どもが在籍

（4）障害のある子どもに対する地域の社会資源としての医療施設
1）ハビリテーションセンターにおけるケア
①　ハビリテーションセンターの目的と機能

　ハビリテーションは、保健・医療サービス法（Hälso-och sjukvårdslagen）に基づき、障害のある子どもに提供されるサービスの一つである。ハビリテーションの対象は、先天的あるいは出産時のトラブルなどによる機能的・器質的な障害の診断を受けた子どもたちである。身体障害や知的障害、視覚・聴覚・言語の障害など心身機能・身体構造上の障害、また注意欠如・多動症などの神経発達症群も対象とする。

　ハビリテーションの目的は、ハビリテーションに「リ（re）」が加わった回復を意味するリハビリテーションという言葉とは異なり、子どもの「今」の状態を基底として、子どもの発達や生活適応スキルを促していくことである[3]。ハビリテーションの思想にはまた、どのような障害があっても、障害は単に子どもの一側面に過ぎず、子どもには豊かな発達があるという理解が内在する。

センターでは、各施設によって多少の違いはあるものの、レギオン（広域自治体）単位でみれば、スタッフとして、医師（外来診察、投薬、障害の証明書作成）、看護師（健診、胃瘻管理）、理学療法士（身体機能分析と粗大運動訓練）、作業療法士（ADL 面での指導や訓練、医療・福祉用具や住宅改造）、言語聴覚士（言語に関する機能的ケアやコミュニケーション指導）、就学前特別支援教育指導教員、ソーシャルワーカー（経済的支援などの福祉的支援）、心理師（発達検査やカウンセリング）、余暇コンサルタント、栄養士などが配置されている[4]。ただ、理学療法士と作業療法士の役割を合わせて担っている場合などがあり、専門職が担う役割がセンターによって異なる。障害別にチームが組まれて包括的な支援を提供する。チームそれぞれが診断あるいは評価方法を有し、センターでの医療に加えて、地域に出向いてアセスメントやコンサルテーションを行う。

　産科病棟で子どもに障害があると診断されると、その情報が親の同意を得てハビリテーションセンターに伝えられる。ハビリテーションセンターは、管轄内に住む障害のある子どもをすべて受け入れる。つまり、障害があると疑われる場合や診断を受けた場合には、親も子も管轄内のセンターを拠りどころとすることができる。地域の保健、保育・教育施設にとっても拠りどころである。小児保健センター（本章5節（3）参照）でより専門的な医療が必要であると判断された場合や、オープン保育室や就学前学校において子どもの障害が疑われる場合なども、ハビリテーションセンターに紹介状が送られる。基礎学校（日本の小中学校に相当）において注意欠如・多動症などの神経発達症の範疇にある困難さがあると気づかれ、センターで診断を受けることもある。

　ハビリテーションの特徴は、ハビリテーションセンターのスタッフによるチーム医療に加えて、センター外の保健、福祉、教育の専門職との連携によって、地域におけるヘルスケアの役割を担っていることにある。教育や福祉と連携して、前述のように地域の学校や家庭に出向いて、子どもの日常や少し未来を見据えた医療的ケアを提供している。障害のある子どもの手当額を決定する障害レベルの判断にも関わる。また、親へのカウンセリングや親の学びの会（例として、ペアレント・トレーニングと呼ばれる、子どもに対する理解と関わり方を学ぶ会など）も提供しているセンターもある。ハビリテーションセンターの活動は多職種連携によって、子どもの暮らしをベースにした包括的支援の機能を有し、障害のある子どもと親に対して、途切れることなく、必要な支援が

届くようにシステム化されている。

② ICF（国際生活機能分類）からみるハビリテーション

　ハビリテーションは、治療（訓練）であり、発達支援であり、生活支援であり、生きるための支援である。「人が生きること、生きることの困難（障害）[5]」を把握し支援を考えるツールであるICFを用いると、障害とは、「生活機能」に起こる困難さを意味する。生活機能である「心身機能・身体構造」「活動」「参加」上の活動制限や参加制約などをマイナス（「障害」）としてとらえる。「心身機能・身体構造」は生物レベル（例えば医学的診断）、「活動」は、「できる活動（能力）」、「している活動（実行状況）」などのその人の活動や生活行為や動作、「参加」は社会参加や集団での役割、人との関係性など生きている折々の社会の一員としての状況などを意味している。また、ICFは、医学的な診断と、環境（「環境因子」）との関係性において生じる障害という、いわゆる医学モデルと社会モデルを統合したモデルである[5]

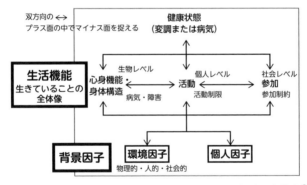

図6　ICF（国際生活機能分類、2001年WHO総会で採択）[6]
　　児童版はICF-CY（Children & Youth Version 2007）

　支援を検討していく際に、たとえば、イェブレのハビリテーションセンターでは、ICFの「生活機能」を中心に子どもの状態をアセスメントし、「活動」「参加」においては子どもができることを把握し、そして、マイナス面（障害）を整理していくという方法をとっている。

　具体的な支援計画は、全人的医療の視点から、医学的所見に加えて、幼児であれば、就学前学校や家庭などの日常生活において生じる子どもの困難さを把

握し、子どもと家族のニーズや希望に基づいて作成される。治療、訓練、療育を通して残存能力を伸ばし、手すりなどの家庭での物理的環境にも介入して生活動作を促す。社会生活における適応スキルを高めていくために、医学的な「心身機能」や「身体構造」の側面だけではなく、定型発達の子どもが、その年齢階級ごとに、誰でも経験するような「活動」や「参加」のレベルを評価の一つにおいている。

　就学前学校との連携は重視される。重度障害であっても希望すれば、すべての子どもが、1歳から就学前学校に通うことができる。学校は教育環境を整え、子どもの状態に必要な個別支援を用意する。重度でも軽度でも、障害のある子どもにとってあたりまえの学校生活が可能となるように、それはICFからみると、子どもが望む生活上の「活動」や社会的「参加」を可能にするために、ハビリテーションのスタッフも「環境因子」として、就学前学校や家庭に出向いてコンサルテーションや相談援助を提供する。折々に、子どもの再評価を行い、障害のある子どもに対するチームアプローチの一員として、教育とケアに寄与する。

　福祉サービスとしては、LSS法（Lag om stöd och service till vissa funktionshindrade）によるソーシャルワーク、パーソナルアシスタント（介護者）、補助具の提供、延長学童保育などがある。アシスタント法（Lag om assistansersättning）では、利用者がパーソナルアシスタントを決定できる権利を保障している。

＜事例：5歳のGちゃん＞

　マルメ地方の公立就学前学校で、その日、Gちゃんは、立位保持装置に足首から胸までベルトで固定して、手探りでボタンを押しながら校庭を少しずつ移動し、クラスメイトの方に向かっていた。5歳のGちゃんは重度の脳性麻痺であり、胃瘻を通して栄養を摂取している。立位保持装置やコミュニケーションボードなどの補助器具を用いなければ、移動することも、意思を伝えることもできない[4]。

　立位保持装置については、定期的に身体に適合しているかの測定がある。自分で寝返りもできなかったGちゃんが、装置をつけて歩けるようになったときの笑顔を、両親も先生も忘れられない。少し歩けると、もっと歩こうとする。立位保持装置はGちゃんにとって足である。そのことを他のクラスメイトもよ

く知っている[4]。

　運動機能のアセスメントとともに、ICF を用いて、障害の状態と生活機能の
プラス面マイナス面を把握し、ハビリテーションセンターでの訓練と、身体動
作に対する教員・保育士に対する定期的な訪問コンサルテーション、福祉サー
ビスとしてパーソナルアシスタントや補助具・自助具の提供、またコミューン
からは看護師の配置と特別支援教育指導教員による教育的ニーズの把握と教
育的支援を行うための巡回がある。バリアフリーの教室構造や校庭の広い道な
ど物理的な環境を整えることによって、Ｇちゃんの活動範囲は広がっている。

　Ｇちゃんが進学するスウェーデンの就学前クラス（６歳児）、そして基礎学
校（７歳児から）は義務教育である。子どもを受け入れるために建物の改造が
必要と判断されれば、公立の場合には入学に間に合うように建物が整備される。
キャンプなどの活動にも医師の許可範囲で参加できる。子どもがあたりまえに
体験できる「活動」や「参加」を可能にするために、学校側の基礎的環境整備
や合理的配慮はもちろん、医療的ケアと教育の連携は行政管轄の枠組みを超え
て地域でシステム化されている。

　教育現場におけるハビリテーション・スタッフによるコンサルテーションの
対象は、保育士、教師、学校看護師、余暇リーダーなどの専門職である。相談
や質問にも応える。家庭に出向いて、家族やアシスタントにも指導を行ってい
る。作業療法士のひとりから、「ハビリテーションセンターでの訓練は月に１～
２回であったとしても、生活の場では毎日行い、子どもの残存能力を伸ばすこ
とができる」と説明を受けた。また、学校や家庭での子どもの様子から、医療
の場では見えにくい生活動作に対する課題を認識し、評
価し、その動作の要因を再考する機会になるという[4] [6]。

　たとえば動作を獲得するためには、更衣のときに手足
を伸ばして簡単なマッサージをしたり、ドラムを叩くと
きに、ドラムを少し離しておいて、「手を伸ばして」叩
くように誘導したりする。このような支援は、結果とし
て、子どもが意識せずに行える訓練となる[5]。補助具や
自助具の使い方を工夫することもある。ゆえに、医療的
支援は教育現場での子どもの「生活機能」全体を向上さ
せることにもつながり、それは公平な教育実践の土台と
なる。

図7　立位保持装置で
移動するＧちゃん

2）児童青少年精神科診療所（BUP）におけるヘルスケア
① メンタルヘルスケアとしての機能

　幼児期から18歳未満の少年期・青年期の子どもに対するメンタルヘルスケアを提供する医療機関として、児童青少年精神科診療所（barn-och ungdomspsykiatri、以下、この項ではBUPと表する）がある。BUPでは、精神疾患ならびに自閉スペクトラム症（ASD）などの神経発達症群を対象とする。神経発達症群内での障害が併存する場合も多い。障害が疑われる子どもが診察の予約をすると、規則により3か月以内に診察を行う。また、児童虐待、不登校、引きこもりの状態における子どもの精神面での治療やケアにも関わる。

　BUPは、治療や医療的ケアの施設でありながら、福祉的な親支援や生活支援を行い、子どもの発達支援とともに教育保障を重視して、教育部門を設けて医療的ケアと連動させた教育を提供している施設もある（図8）。BUPのなかには、数床の入院施設を設けている施設もあるが、より専門的な治療が必要な場合には、総合病院の精神科などに紹介するという。

図8　BUP内に設置されている学校（skolaは学校を意味する）
地域の学校と連携して個別の教育支援プログラムを立て、交流学習を進め、地域の学校（同じ学校ではなく地域にあるどの学校でも可能）に戻ることを目的としている

　BUPはレギオンの管轄下にある。基本的に公営であったが、ここ20年、都市部では民営のBUPがみられるようになった。BUPのスタッフは、施設によって差異はあるものの、基本的に、児童精神科医、精神・小児専門の看護師、心理師、コーディネーター（治療、訓練プログラム作成）である。言語聴覚士、作業療法士、ソーシャルワーカーなどが配置されている施設もある。日本でいうソーシャルワーカーには、制度の利用につなげるなどのソーシャルサービスを担当する者と、子どもや親に面談をしてソーシャルケアワークを行うキュラトール

（curator）と呼ばれる専門職がいる[7]。

　子どもがBUPを訪れる経緯は多様である。図9のように、家庭での子ども
の様子に不安を感じた保護者が直接コンタクトをとったり、小児保健センター
（BVC）、地域の診療所、学校（就学前学校を含む）、また福祉サービスを提供
している機関から子どもたちが紹介されてくる場合もある。他の障害でハビリ
テーションを受けている子どもが受診する場合もある。児童虐待の場合には、
福祉や保健、司法の関係行政機関やBRIS（Barnens rätt i Samhället、児童虐
待に対応する民間組織で直訳は社会における児童の権利、注3）と連携する。

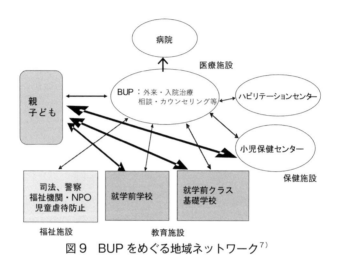

図9　BUPをめぐる地域ネットワーク[7]

　二次予防、三次予防のいずれにおいても、児童精神科医を中心とする専門職
のチームアプローチによって対応し、二次障害の予防や、症状の安定なども図っ
ている。その一方で、求めに応じて、子どもの家族に対しても福祉心理的サポー
トを提供し、希望者に親教育プログラムを実施しているBUPもある。子ども
の障害や治療に関する親の理解と受容を進め、子どもの支援に親の協力を得る
ことができるように働きかけていく。家族という身近な人的環境を整えること
は、治療とケアを一体化するために不可欠である。

②　BUPの実際の活動
　ストックホルム市街地にあるBUPのセンター長（児童精神科医）は、子ど

もに関わる専門職と協働して、幼児期から思春期の子どもを中心に全人的な治療やケアを実践している。

　BUP で子どもを迎えると、まず、心理カウンセラーが子どもと親の話に耳を傾けます。次に、心理や発達検査を含めたアセスメントを行って子ども自身の心の状態や発達の状態を判定していきます。また、生活環境や親子関係などを把握して、最終的に医師の診察により診断が下されると、治療やカウンセリングなどの療法を計画していくことができます。
　診断後の症状の安定や二次障害の予防も課題としてきました。神経症や統合失調症はもちろん、自閉スペクトラム症の子ども、特に思春期の子どもたちが、自尊感情を失ってアルコール依存症になったり、反抗挑発症（ODD、注 4）となったり、深刻な場合には素行症（CD、注 4）にまで至って触法行為を起こすこともありました。警察とも連絡を取り合ったこともあります。それを予防することも重要です。日常生活から目を離すことができない子どももいました[7]。

　親の合意を得てから学校とも連携する。BUP は、子どもの投薬と経過観察について、就学前学校や基礎学校などに出向いて説明を行い、安定して治療が行えるように協力を求める。BUP の看護師は、学校看護師や BVC の看護師と連携し、子どもの生活全体に目配りをして、治療と共に子どもの自己形成や社会適応を支え、社会への自立に向けて長期的なチームケアをプログラムしていくという。

（5）発達に課題がある子どもに対する公的なトータルケア・システム
　スウェーデンにおいても社会資源や人的資源は地域によって異なる。地方自治が尊重されるスウェーデンにおいて、障害のある子どもに対するケアに各自治体の工夫がみられる。幼児期を含む神経発達症群のある子どもに対する、2つの自治体の公的なケア・システムについて注目したい。東ノルボッテン（Östra Norrbotten）とイェブレ（Gävleborg）での実践である。
　二つのシステムには、二つの共通点がある。一つは ESSENCE（第 4 章参照）[8]の考え方を参考にしている点である。現地での参与観察やインタビューの際にも、両方から、ESSENCE の方法を取り入れていると説明を受けた。もう一つ

は、医療・保健はレギオン、教育・福祉はコミューンが管轄しているが、チームを組織し活動するために行政の管轄や領域を越えた専門職が集まることである。このような多職種連携は視察した他の地域においても共通で、スウェーデンにみられる行政活動の特徴であるといえよう。

1）地方都市にみられる発達支援チーム：東ノルボッテン・モデル[9]
① 東ノルボッテン・システム

スウェーデン最北部でもっとも人口密度の少ないノルボッテン（Norrbottens）にある、東ノルボッテンと呼ばれる Kalix、Överkalix、Övertorneå、Haparanda の４つのコミューンから構成される広域行政地区を取り上げる。フィンランドと隣接しており、教育制度はフィンランドと協力体制にある。国境に住む人々はどちらの国の小学校にも通うことができる。

カリックス（Kalix）中心部にあるハビリテーションセンター内に設置された "The integrated outpatient center for child and adolescent care（以下IOCCAC と表する：小児期思春期ケアのための統合型外来センター）" には、神経発達症のある子どもに対する包括的支援を主眼として作られた東ノルボッテン４コミューン合同専門職チームがあり、図 10 で示したように教員、特別支援教育指導教員、医療・福祉・心理専門職で構成される。まとめ役はソーシャルワーカー２名であり、事務的な作業を行う秘書がいる。

IOCCAC の活動は、1994 年に小児科医と心理師でスタートし、その後、児童精神科医が加わった。現在では、同じ建物内にある独立した三つのユニット「ハビリテーション科」、「児童・青少年精神科」、「小児科」の合同チームによって、ハビリテーションの作業療法士、理学療法士、言語聴覚士、特別支援教育指導教員、医師、児童・青少年精神科の心理師、精神科専門看護師、心理セラピスト、キュラトール（相談援助担当）、児童精神科医、小児科の小児科医、小児科専門看護師から、子どもの状態に応じて、IOCCAC で実働する専門職として集められる。スウェーデンでは働き方を業務割合で設定するというシステムがあり、たとえば、小児科の医師は小児科で 90％、IOCCAC で 10％ というように勤務時間を選択することができる。

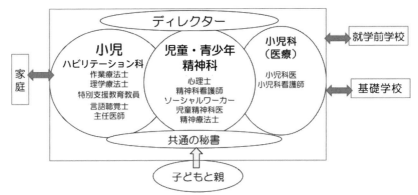

図 10 ノルボッテン・モデル 2015（東ノルボッテンチームより原本を紙面で提供され、公表の許可を得た）医療・訓練・療育・相談援助の機能が一体化しており、就学前学校や家庭とも連携している[9]

　つまり、各ユニットのスタッフはマルチチーム IOCCAC の支援チームとしてつながり、子どもに関しての情報も共有する。述べたような専門職を目指す学生が助手的に入る場合もある。IOCCAC にはまた、リソースとして、就学前学校／基礎学校、福祉機関、そして家族が位置付けられていた。

　IOCCAC のチームアプローチは、診断の有無にかかわらず、発達に課題があれば対応する。この点で、代表のソーシャルワーカーは、2010 年に "ESSENCE"が発表されたときに、「いままで、自分たちがしてきたことが肯定されたメッセージであると、とらえました」と語った。IOCCAC では、子どもが紹介されてくると、まずソーシャルワーカーが子どもと保護者の話を傾聴し、生活上行動上の困難さに注目してニーズ把握を行い、専門職チームによって情報が共有され、＜アセスメント→支援計画→実施→評価＞が進められていく。このように、診断の有無にかかわらず支援がスタートする。

　また、保護者が子どもの発達上の問題に悩んだ場合には、いずれの医療機関に受診するべきかを悩むことなく、IOCCAC は支援の入り口となる。子どもに治療が必要であると判断された場合でも、すでに各ユニットのスタッフによって支援チームを構成しているため、診察・治療のための移行が容易である。つまり、医学的な治療の前に、子どもを包括的にみることも IOCCAC の特徴といえる。

　このチームでは、健康生成論（salutogenic、注 5）と ICF（国際生活機能分類）の考え方を基底として支援方法を構成してきた。必要に応じて地域の教育・医

療・保健・福祉機関や従事する専門職と連携する。子どもへの気づきに対する早期対応、ならびに就学前学校、基礎学校、家庭など子どもの生活の場での支援、そして、住民の母国語に合わせて、スウェーデン語、フィンランド語、メアンキエリ語を含む複数の言語でサービスを提供していた。

　生活の場での発達支援を行うために、保育・教育現場でのコンサルテーションや、並行して、指導系統の整備にも関わる。このように、IOCCAC はコミュニティーベースで活動を展開する支援を構築してきた。

②　IOCCAC 活動内容とそのシステム

　学校（就学前学校を含む）との連携において、次の❶❷の段階で支援が行われる。

❶学校内対応：

　　就学前学校ではまず、各コミューンで巡回する特別支援教育指導教員（specialpedagog）や学校看護師、基礎学校では特別支援教育教員（speciallärare）や学校看護師の常駐スタッフと共に、スクールカウンセラー、ソーシャルワーカー、学校医などの助言・指導を受けて学校内で対応する。

❷教育現場における IOCCAC の介入：

　　学校内で解決が難しいときには、IOCCAC が介入する。要請があると、まとめ役であるソーシャルワーカーは、2～3週間前後で家庭や学校に出向き、まず、物理的、人的な環境を整える。診察・治療（たとえば、注意欠如・多動症と診断され薬物療法が必要な場合には児童精神科医が処方）が必要であっても、その前に最低3回は親と話し合いをもち、親とのラポールを形成し、子どもを取り巻く学校ならびに家庭での支援を含めた環境を把握して環境への介入を行う。子どもの自尊感情が低下しないように配慮することや、子どもの困難さが増強するような環境であれば改善に取り組み、どのような障害であっても、視覚支援や見通しのつきやすい環境、声かけなど、子どもの困難さを軽減するような環境の整備を試みる。

　　また、作業療法士などの医療スタッフが学校に入り、学校看護師と連携して、特別支援教育教員と担任教員に、生活上行動上において可能な自己コントロールができるような支援方法についての定期的コンサルテーションを提供する。

❷の支援でも、子どもの状況が改善されない場合には、医療につなぐ。例外として、親や家族の問題が中心の場合には、家族支援が優先される。

IOCCAC が対応する際には、前述の３ユニットから必要なスタッフが集まり、情報を共有し、子どもの状態、学校現場で把握された状況、家庭での状況が整理される。必要に応じて心理検査が行われる。そして、利用可能な地域の社会資源も含めて支援計画が作成され、どのユニットで治療、訓練などを開始するかなど、チームで話し合って決定する。その段階まで、まとめ役のソーシャルワーカーが中心になって進めていく。

医療が必要になった場合でも、学校や家庭における生活面や療育面での支援についてはソーシャルワーカーが計画し、各専門職によって実施される。保護者への親教育プログラムや家族療法のプログラムも用意されている。

③ IOCCAC による支援の特徴

IOCCAC のソーシャルワーカーの説明によると、支援方法の有用性は、多領域の専門職によるチームアプローチ、対応の速さと支援の包括性、情報（データ）共有の一元化などにある。また、活動の要点は、神経発達症に対する中長期的な目標が障害対応やそのリスク軽減よりもヘルスプロモーションそのことにある。IOCCAC は、生活面も含めて子どもを取り巻く環境にも目を向けて、子どもと子どもの暮らし全体に関与する。

支援にあたっては、WHO の健康の定義で示された身体面、精神面、社会面において健康状態を把握し、QOL（Quality of life：生活の質、人生の質など）にも留意して、問題を医学面だけではなく ICF（国際生活機能分類）が示す物理的・人的・社会的な環境との相互作用からも把握する。そして、述べてきたように、健康生成論を用いて、ヘルスプロモーションとリンクさせて、子どもへの介入、子どもを取り巻く環境への介入、環境と子どもの関係への介入を進めている。

2）地方都市にみられる発達支援チーム：ブリッガン・モデル[10]
① ブリッガンチームの活動経緯

診断の有無にかかわらず、神経発達症の範疇にある困難さがみられる４歳～６歳児を対象とするブリッガン（Bryggan、橋という意味で支援を橋渡しするという意味も含まれる）は、現在、イェブレ（Gävleborg）の広域自治体

と Hofors、Ockelbo、Gävle、Sandviken の 4 コミューン（基礎自治体）から成る共同事業であり、就学前学校と連携し、地域に根差した幼児期における支援システムとして活動を展開してきた。数年にわたるスタッフに対するインタビュー調査と会議や活動での参与観察から、ブリッガンの組織と活動内容について示したい。

　このチームの特徴には、エビデンスに基づく神経発達症に関する医学・心理学の活用、それを担えるスタッフの専門性の高さ、医療・保健・教育・心理専門職による連携チーム、ブリッガンへのアクセスから支援までの待機時間の短さなどがある。そして、神経発達症の範疇にある困難な状態を対象とするだけではなく、子どもの精神面や人間関係などの暮らし全体を対象にすることや、親とラポールを築いて親を子どもの支援者として巻き込むこと、さらに就学前学校や地域の保健医療施設との連携などがみられる。ブリッガンでは、後述する図 11 に示すように、就学前学校からも、小児保健センター（BVC）からも、また、直接保護者からもアクセスできる。

　地域の就学前学校からの相談を受け入れた場合には、訪問指導やコンサルテーションをスタートし、ケース・カンファレンスを行い、保育・教育に関わる教職員に対する研修にも力を入れている。それは、子どもに対する間接的支援としてだけではなく、担い手となる教員や医療・保健従事者を養成するための一翼を担った。このように、教員の対応力の育成、義務教育スタートへのスムーズな橋渡し、神経発達症に起因する健康問題（二次障害を含む）の予防、そして地域でのネットワーク形成と啓発にも取り組んできた。

　ブリッガンは、1996 年から 3 年間のトライアル・プロジェクトとしてスタートした。このプロジェクトを主導した小児科医であり児童精神科医である H 医師は、1980 年代後半から神経発達症の治療や支援に関わり、乳幼児健診を担い、学校医として就学前学校などを巡回していた。つまり、神経発達症に関わる医学的な知識をもち、また、地域で子どもの健康に関するニーズを把握していたといえる。H 医師によると、当時から、神経発達症をめぐって、幼児期においても、就学前学校における生活上行動上の問題、小児保健センターでのアセスメントやフォローアップの難しさ、医療機関受診のための待ち時間の長さが、問題となっていたという。「幼児期に子どもの発達課題に気づいた時には、早期に支援を始めることが重要です。診断の有無に関わりなく必要な支援を講じることです。危険な行動、コミュニケーションや関わりの難しさに危惧する

親もいます。専門職が日常の心配事に丁寧に関わることで、子どもの健康問題に関わる大きなリスクを避けることができるのです [10]」。H 医師は、これまで個人レベルで行ってきたことを地域で組織化し、幼児期からの学校システムに組み込んでいく必要があるというミッションを掲げ、スタッフを集めて、神経発達症の専門チーム・ブリッガンをスタートしたのである [10]。

1996 年の新聞記事（月日不明：注6）に、ブリッガンの活動が掲載されている。「子どもたちの6％はそのような特性がある」、「専門チームであることは、診断が下される前に子どもに対してできることがある」、そして、「子どもの支援には親支援も重要」であるといった文章が並んでいる [10]。当時のメンバーは、児童精神科医、准看護師、教員、心理師であった。

ブリッガンの医療的心理的教育的支援は、子どもの生活に根差した支援として、また神経発達症の範疇にある子どもの困難な状況を解決する1つのモデルとして、21 世紀スウェーデンの保育・教育における医療的支援のあり方に示唆を与えていく。他自治体の保健医療関係者の関心も引き寄せた。その1つがコラム①のウプサラ VITS（Vardagsnära Insatser med Tydlig Samverkan）である。ブリッガンを見学し、広域自治体と基礎自治体の共同事業として 2000 年に発足した。ブリッガン自体も、子どもや親のニーズの時代的変化、社会の神経発達症群を取り巻く動向、そして新しい医学的知見に呼応して、活動やマニュアルを改善していった。

そして、神経発達症に関する医学・医療の知見は、医療のファーストラインとして、また教育的心理社会的支援として、医療機関という特別な場所においてだけではなく、子どもと親が暮らす家庭や地域の就学前学校から容易に求めることができるもの、届けられるものとなっていった。チームの内外で特別支援教育指導教員と連携し、就学前学校で、特別支援教育やインクルーシブ教育を支える構成要素としての役割も担って、現在に至った [10]。

その活動は全国に知られるようになり、2007 年に神経発達症を支援する団体 ATTENTION から賞を受けた。2012 年の外部評価においても、ブリッガンの活動に対する高い評価が記載された [11]。

② ブリッガンの活動内容とそのシステム

現在、ブリッガンは、就学前学校や小児保健センター、さらに神経発達症に関わる民間団体（移民難民対象の神経発達症支援の NPO を含む）や家族会を

横断する組織として、地域の教育、保健、医療、福祉との包括支援ネットワークを形成している。ブリッガンは、「特別なニーズがあると判断された4～6歳児」を対象とし、地域の施設を橋渡しする窓口として、毎年、対象年齢群の5～10%がアクセスしているという。

　図11に示したように、2019年当時のスタッフは、コーディネーターの看護師、医師、特別支援教育指導教員、心理師、言語聴覚士、理学療法士、作業療法士、秘書である。非常勤スタッフは市の仕事と兼務しており、同年には、さらに大学の小児神経科医の助力も得た。ブリッガンのスタッフが医療、保健、教育、心理の専門職であることから、地域の同職種の専門職とつながりやすく、職域を越えた地域連携効果もみられている。

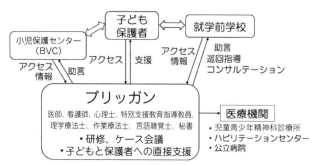

図11　ブリッガンの地域でのネットワーク（2019年当時）[10]

　ブリッガンの活動は、就学前学校や小児保健センター、あるいは親からのアクセスがあると、1か月以内に面談を行う。既往歴をはじめ、親の了解を得て就学前学校や小児保健センターから情報を集める。その結果、ブリッガンでの支援が必要であると判断された場合に、就学前学校と連携した支援がスタートする。まず、就学前学校の特別支援教育指導教員（教育委員会所属の場合もある）による子どもの所見を共有する。親と担任教員には、子どもの強み（プラス面）と弱み（マイナス面）についての記入を依頼する。このように情報を整理し、子どもに微細神経学的兆候（soft neurological sign）の有無や精神運動発達、言語・コミュニケーションなどのアセスメントを行い、医師による診察後、必要に応じて、心理師、言語聴覚士、理学療法士、作業療法士などによる検査を実施する[10]。

　それらの結果をもって、ケース・カンファレンスを開き、ブリッガンのスタッフと、親、就学前学校の教員、特別支援教育指導教員が一堂に会して情報を共

有し、就学前学校や家庭における環境調整のポイント（感覚に関することや教材教具、指導方法など）と子どもに対する支援計画を提案する。ブリッガンの特別支援教育指導教員は、「児童精神科医や心理師による巡回指導、カンファレンスを通してブリッガンと就学前学校が協働して支援を行った結果、診断の有無にかかわらず、コミュニケーションや子どもの対人関係性、こだわりや感覚過敏、さらに危険な行動のほとんどが解決できた[10]」と、その成果を説明された。

　子どもの立ち位置からみると、幼児期5歳までは、小児保健センターにおいてチャイルドヘルスケアを受け、就学前学校に在籍している。就学前学校では、ケアと教育が一体化し、特別支援教育とインクルーシブ教育は輻輳して共存している。ブリッガンは、幼児期の発達支援を、次の義務教育である就学前クラス、そして基礎学校へと引き継いでいくために、親の了解を得て、就学前学校や小児保健センターと連携しながら、特に行動面情緒面から就学準備に関わっていく。

　啓発活動や人材養成としては、神経発達症の理解と支援について、教育を中心に医療、保健、福祉、警察関係者をはじめ行政官や政治家に向けても、研修会やワークショップを開いている。神経発達症に対する理解を深めることと、そして、子どもの学び方に呼応した支援や指導を担える人材の養成が目的である。親に対しても、学びの場が設けられている。2019年には、専門家と協働して新しい親訓練のオリジナルワークブックを作成した[10]。

　さらに専門的な医療が必要と判断された場合には、子どもの状態像や病態によって、児童青少年精神科診療所（BUP）、ハビリテーションセンター、公立病院へ紹介する。スウェーデンの「国民医療保証（Nationella vårdgarantin）」によると、医療機関での初診待機期間は最大90日、BUPは30日と規定されている[10]。

③　ブリッガンによる活動の特徴

　神経発達症の範疇にある困難さのある子どもと親が、地域で専門職による相談や支援を容易に得ることができ、ブリッガンの段階で解決できることが多い。支援を受けている親のひとりは、「ブリッガンは拠り所です。ずっと話を聞いてもらえて、不安の一つ一つを一緒に考えてもらえて、就学前学校の先生と話をしてくれて、解決の方法も示してもらえました[10]」と話された。支えてもらえるという気持ちを強くもつことができ、子どもを理解し子どもに対応するための方法を学び、子育てのストレスも心配も軽減したという。

ブリッガンの啓発活動はまた、特に就学前学校での神経発達症に対する理解と支援の広がり、そしてスタッフのレベルアップに寄与した。H医師は、「特記する点として、神経発達症に対する知識の広がり、早期気づき早期支援により予想される二次障害の予防や、一般的に気づきにくいと言われている女児が示す症状に対する認識についても理解が進み、また、実践的な研修を通して教職員の観察力や対応力が向上し、就学前学校において子どもが示す困難さを小児保健センターよりも早く気づくケースが出てきた[10]」と述べている。このように、就学前学校に対するブリッガンの支援は、単なる助言ではなく、インクルーシブ教育と特別支援教育に織りなされる一要素となった。

　イェブレにある神経発達症のある子どもを積極的に受け入れている就学前学校の校長は、「一人ひとりに対する指導や支援の方法は違うけれども、知識があるので大丈夫[10]」と言う。校長は、子どもの状態と特性を把握し、子どもが理解できる方法で指導し、クラスのなかで主体的に参加できる子どもの立ち位置に工夫を凝らしている。それまでに多くの研修を受けてきたが、その一つがブリッガンにおいてであった。また、特記すべきことは、その校長を通して他の教員や保護者に神経発達症に対する理解が広がったことである[10]。H医師は、「教員の能力が向上すればするほど、ブリッガンはまた新しい支援方法の開発に取り組むことができた[10]」と、教員がレベルアップして段階を一つ上っていく様子を説明した。

　2021年度もブリッガンは神経発達症に関わる地域の専門的なフロントラインとして、親、就学前学校や小児保健センターから支援を求める声が絶えることがない。その結果、それまで医療機関で初めて解決できたことがブリッガンで解決できることが増え、医療機関受診数が減少し、長い待機時間は解消した[10]。

　ブリッガンは活動の基盤をコミュニティにおき、子どもの集団生活の場である就学前学校の教育を支える社会資源の一要素として機能し、担い手となる人材を醸成し、早期気づき早期支援とともに、神経発達症に起因する精神面での健康問題のリスクを予防していく一次予防を特徴とした活動を展開した。それはまた、二次障害の予防となるだけではなく、家庭や学校という暮らしの場で子どもの特性を障害や問題にしないための環境に介入する、予防医学のモデルという点でも特徴があるといえる。

　以上、スウェーデンにおける神経発達症の範疇にある子どもへの公的支援は、

国の指針に基づき、各地域の社会資源やマンパワーなどの状況に合わせて組織化されていた。2つの例をあげたが、共通因子として、❶エビデンスに基づく、❷横軸（地域）に、また縦軸（未来）へと連続した支援を目指す保育・教育現場との有機的連携、❸多領域の専門職連携、❹アクセスしてから対応までの待機時間の短さ、❺親支援・家庭支援を含む、そして❻医療のフロントラインとして、包括的なヘルスケアを目指していること、などが認められた。

（注1）　スペシャルペダゴーグ（specialpedagog）と呼ばれ、一般の教員免許取得後、3年半の更なるコースを受講することで取れる資格である。主として、課題のある子どもを担当する教員に対して指導を行い、就学前学校や基礎学校における特別支援教育推進のために、重要な役割を果たしている。視察した地域ならびに学校では、特別支援教育の専門職として、専門科目を履修して学校で直接指導を行う特別支援教育教員（speciallärare）と、特別支援教育指導教員（specialpedagog）とがいる。前者は基礎学校以上で、基本的に就学前学校には在籍しておらず、教育委員会などの機関や支援チームに籍を置く特別支援教育指導教員が巡回指導やコンサルテーションを行っていた。

（注2）　親協同組合就学前学校とは、公立と同様に助成がある私立（民営）の就学前学校。親が協同組合を作って運営し、スタッフを採用し、協同して学校の活動に関わっている。

（注3）　Barnens Rätt I Samhället bedriver：子どもの権利を守る団体（NPO）。スウェーデンの各都市部に事務所や相談室をもち、心理師や精神専門の看護師などのスタッフと全国で数百人ともいわれるボランティアによって運営される。親との関係性や虐待についての子ども相談に、24時間対応をしている。子どもの人権を守るための、子どもを対象とした援助機関である。http://www.bris.se 参照。

（注4）　DSM-5における日本語訳である。ADHD児に対して適切な指導・支援が提供できなかった場合に、二次障害として起こるとも考えられている。まず、大人に対して反抗的な態度をとるようになり（反抗挑発症）、さらにエスカレートすると、万引きや放火のような法律を犯す行為にまで至る（素行症）。

（注5）　健康生成論：サルートジェニックモデル（Salutogenic model）：アーロン・アントノフスキー（Aaron Antonovsky）が提唱した理論。病気や障害のリスクファクターを取り除くという考え方ではなく、健康づくりを目指して、そのためのサルタリーファクター（健康因子）を強めていくという考え方である。そのプロセスは、どのように健康を定義し、その健康には何が必要不可欠なのかを議論し、構築していくプロセスでもある。病気や障害を治すという考え方ではなく、健康と病気は連続した流れの中にあり、子どもの状態がどの位置にあっても、身体的、精神的、社会的にダイナミクスをもちながら、良好な状態へと進むことができるという考え方がある。

（注6）　スウェーデンの地方新聞 Arbetarbladet に掲載された "Damp-barn får hjälp i Sandviken" の内容である。Monica Blomberg 氏から提供された。また、Blomberg 氏に発行月日について調べてもらったが不明であった。

引用文献

第5章3（4）は引用文献4）6）7）を土台に大幅に加筆修正を行った。

1) 井上昌士，猪子秀太郎（2012）「スウェーデンにおける知的障害や発達障害のある人の学びの場」『国立特別支援教育総合研究所ジャーナル』創刊号，49-53.

2) Olsson, M.B., Westerlund, J., Lundström, S., Giacobin, M., Fernell, E. & Gillberg, C.（2015）："Recovery" from the diagnosis of autism - and then? *Neuropsychiatric Disease and Treatment* 11：999-1005. この論文では一度、自閉スペクトラム症と診断され、その後「recover」したと判断された子どもの事例が示されている。

3) 河本佳子（2000）『スウェーデンの作業療法士―大変なんです、でも最高に面白いんです』新評論.

4) 小野尚香（2015）「障害のある子どもの特別支援におけるリハビリテーションの役割」『治療』97（7），1011-1014.

5) 上田敏（2005）『ICF（国際生活機能分類）の理解と活用―人が「生きること、生きることの困難（障害）」をどうとらえるか』ぎょうされん（KSブックレット）萌文社，18-38，図6はP18と本文を参考に作成.

6) 小野尚香（2011）「スウェーデンの保健・医療・福祉制度―小児保健活動（2）障害児の保健医療サービスと家族支援」『保健師ジャーナル』67（3），244-249.

7) 小野尚香（2011）「スウェーデンの保健・医療・福祉制度 - 小児期・青年期メンタルヘルスセンター（BUP）の活動」『保健師ジャーナル』67（7），626-631，図9はP631を参考に作成.

8) Gillberg,C.（2010）The ESSENCE in child psychiatry: Early Symptomatic Syndromes Eliciting Neurodevelopmental Clinical Examinations. *Research in Developmental Disabilities* 31, 1543–1551. 他

9) （5）1）については、Ono,N（2014）The Special Support System for Children with Neurodevelopmental Disorders in Sweden Ostra Norrbotten（Kalix, Overkalix, Overtornea and Haparanda）Model, *Bulletin of social welfare, Kobe Shinwa Women's University* 11, 77-86. を基に和訳し、大幅に加筆修正を行った。図10はFigure2を基に和訳し、訂正した。

10) （5）2）については、小野尚香（2020）「スウェーデンにおける神経発達症医療：地域に根差した幼児期における支援システム」『発達障害研究』42（2），125-134. を基に、大幅に加筆修正を行った。

11) Larsson,M., Smedman,A., Sjöström, T.（2012）Konsultrapport, Utredning "Bryggan och BNS" samverkan kring barn med neuropsykiatriska behov: Landstinget Gävleborg och samtliga Gästrikekommuner, pwe, oktober 2012.

付記

倫理事項：この節の調査においては、個人名が第三者に特定されることがないこと、参加は自由意志であり拒否における不利益はないこと、ならびに本研究の目的と内容を参加者へ説明し口頭（一部書面）にて同意を得た。本研究は畿央大学倫理委員会の承認ならびにブリッガンの倫理手続きに基づいている。

学童期の教育と医療の連携事例

　自閉スペクトラム症（ASD）や注意欠如・多動症（ADHD）など神経発達症をめぐる問題解決のために、2000年にウプサラの広域自治体と基礎自治体によるVITS（Vardagsnära Insatser med Tydlig Samverkan）がウプサラ大学構内に設けられ、教育（幼児児童生徒対象）の場における医療的支援の新しいあり方と役割を示した[1] [2]。精神専門看護師や児童精神科医などの医療保健チームを中心に、特別支援教育指導教員や心理師をスタッフとし、教育現場で神経発達症（発達障害）の範疇にある子どもの問題解決に貢献することを重要な目的の一つとした。

　困難な状態を緩和し、共に学ぶ学校の環境を整えて、その子どもなりの日常が過ごせることはヘルスケアの課題でもあり、それは、教育の基底にケアを位置づけ、学校の教育職ならびに医療・心理職との協働によって可能である。VITSの支援は、障害のある子どもへの理解と支援を促して特別支援教育に貢献し、インクルーシブ教育を可能にすることにも期待された。以下は2010〜2012年の調査による。

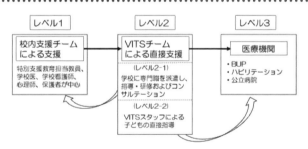

図　VITSシステム　いずれの段階も親支援を含む

＜VITSの目標と支援方法＞
　①神経発達症に対する早期気づき
　②教育の場における専門的な支援と指導
　③多専門職の有機的連携
　④親を支援の協働者として位置づけ、子どもへの理解を進める
　　支援のかたちは、図に示したように、学校中心、VITS主導、医療機関の3レベルに分け、どの段階においても、医療・保健、教育、心理領域

の専門職が連携して支援を提供する。

・・・

レベル1：学校内での支援体制

　学校内で問題解決のための校内支援体制構築と校内チームに対するVITSによる助言である。神経発達症群が疑われ、特別な支援が必要であると考えられる児童生徒に対してアセスメントを行い、特別支援教育指導教員と学校医・学校看護師、心理師が中心になって校内支援体制を組織し、保護者の協力を得て支援を計画し実施する。子どもの困難さが解決できない場合には、学校長が保護者とともに、VITSチームに対して支援を申請する。

レベル2-1：VITSチームによる支援＜教育現場での解決＞

　レベル1で解決できない場合に、VITSにおいてより専門的な検査を行う。VITSチームは学校でのアセスメントを基礎に専門的検査を行い、VITSによる支援があれば＜教育現場で解決が可能＞と判断された場合には支援の場を学校に戻し、VITSチームから専門職を学校に派遣して、教員への研修や指導を通して教員の対応力のレベルアップを図る。

レベル2-2：VITSチームによる支援＜VITSチームでの直接支援＞

　＜教育現場で解決が不可能＞であれば、VITSで支援計画を作成して直接支援・指導を行う。教員へのコンサルテーションを実施して協力を得る。児童青少年精神科診療所（BUP）や小児ハビリテーションセンターと連携し、その所見（診断や経過観察による意見）を基に、VITSは直接指導と学校における訓練やコンサルテーションを提供する。VITSが介入する期間は1〜2か月が最も多い。その結果により、学校に戻す場合（レベル2-1）と、医療機関（BUPや病院）へ紹介（レベル3）する場合がある[3]。

　2000年から10年間、＜レベル2＞で毎年約400件に対応し、その約3分の1を学校に戻し（レベル2-1）、年間10〜20件を医療機関へ紹介（レベル3）した。医療への受診希望が激減し、社会問題となっていた神経発達症群のある子どもの診察待ちの長さは短縮した。教員の評によると、VITSによる支援は、神経発達症に関する理解を深め、子どもに対する支援・指導方法を習得する機会になったという。

　学校という日常の場で医療的な支援を得る機会が拡充した。教育現場では、

VITS の支援により学校の対応レベルが向上し、子どもが学校という日常の場で支援をえる機会が拡充して、教育現場で解決できることが増えた。VITS の実践は、インクルーシブ教育を支える車輪の1つとして機能し、医療的支援は教育現場において必要不可欠であることを示した。神経発達症の子どもには、医療・保健、教育、心理の連携による包括的支援が必要であるという認識を啓発していく契機ともなった。

参考文献

1) Vardagsnära Insatser med Tydlig Samverkan − En verksamhet i Uppsala län om hur vi skall samarbeta runt familjer med barn med neuropsykiatrisk problematik, 2013-09-21. https://www.yumpu.com/sv/document/view/20353993/vardagsnara-insatser-i-tydlig-samverkan-vitspdf-tierps-kommun（2022 年 7 月 18 日最終参照日）
2) Monica Östberg（2000-2004）:"Vardagsnära Insatser med Tydlig Samverkan,Rapport från samarbetsprojekt mellan,Uppsala läns landsting och,kommunerna i Uppsala län", Institutionen för kvinnors och barns hälsa, Uppsala Universitet, 1-35.
3) 小野尚香（2015）「医療と教育の連携 − 神経発達障害の子どもに対する支援を創生する」『治療』97（11），1631-1635.

4 ルポ：病気の状態にある子どもに対するヘルスケア

（1）治療の場に生活のまなざし

　スウェーデンの制度をみると、病気の状態もまた日常の範疇にある。治療の場が日常生活から離れた特別な場ではなく、子どもの暮らしの場でありうるように、ハード面・ソフト面において物的・人的・社会的に環境を整えることが重視されてきた。ICF（国際生活機能分類）を用いれば、生活機能である「活動」の制限や「参加」の制約を、子どもを取り巻く物理的・人的・社会的環境との関係からつくり出さない方策が講じられているともいえよう。病院は地域生活の社会資源の一つと位置付けられ、治療の場であると同時に暮らしの場となっているからである。

　病院内で誰でも手にすることができる「病院の子どもの憲章（EACH CHARTER）[1]」や「子どもの権利条約（Convention on the Rights of the Child）」を基底とする支援システム、プレイセラピーなどの実践からも、病気の子どもが生活していることや子どもが生きていること、そして、子どもが発

達していることを尊重するまなざしがみえる。それは、病気という状態に対して、子どもを身体的、精神的、社会的に支えることや、子どもが生きているそのことに向き合うことにつながっている。この姿勢は、WHO（世界保健機関）が長年にわたって活動の道標とする健康の定義と重なる。そして、子どもが存在し生きていることの質を大切にするという意味では、WHOが提案したスピリチュアルな面でのケアを含んでいる。

＜病院での子どもの生活＞

　ある病院の小児病棟で、小児がんと診断された10歳の子どもに出会った。キャラクターが描かれたトレーナーを着てバックパックを肩にかけて、病院内の図書室に出かけるという。昼間の病棟では、パジャマ姿ではなく、学校に行くような、また家庭でくつろいでいるような服装の子どもたちと行き交う。その子どもは、朝起きると、まず自分で考えたその日のスケジュールを確認するという。身辺整理もできるだけ自分でする。午前中の2時間は、「病院の学校（コラム②参照）」で授業を受ける。午後からはプレイセラピーユニットに行って、遊ぶ約束をしている。その後、次の日の検査のプリパレーションを受ける。「夕食前に、図書室に本を借りにいこう…」[2]。

　スウェーデンの治療の場には、暮らしのまなざしが感じられる。病棟病室だけではなく、プレイセラピーユニットや病院内の学校においても、家具や、壁の色やカーテン、また掲示物やオーナメントなどの目に映る風景、遊びや学びの機会、専門職の接し方や会話の際の配慮に日常生活が意識される。また、学童期であれば、インターネットや代替ロボットを利用した地域の学校とのつながり等を通して、子どもの日常をできるだけ確保する。病気の子どもの保護者やきょうだいに対しても心理面や福祉面の支援が用意されている。図1に示したように、病院における子どもへのケアシステムは多角的で、子どもの日常を守ろうとするものである。

　院内の医療、看護、心理専門職の言葉に耳を傾けると、子どもがあふれるほどの情動をもって今を生きていることを、そして、どのような病態の時であっても発達していることを、それぞれの立場で考え理解している。それゆえに、病気を、それがたとえ不治の病であっても、末期の状態であっても、日常の暮らしから「逸脱」した状態にしないことが意識されているようである。

図1　子どもを取り巻く病院内の環境

　この節では、病気の子どもに対するヘルスケアの様相に焦点を当てる。その内容は、主に、2008 ～ 2018 年にかけて、マルメ、ストックホルム、イェブレの小児病棟とプレイセラピーユニット（4 か所延べ9 回）、ならびにストックホルムとイェブレの「病院の学校（2 か所延べ4 回）」における参与観察と担当専門職者に対するインタビュー調査に基づいている。いずれの病院でもケアは全人的で包括的であった。病気の子どもたちに対して提供される「あそび」や特別支援教育は、子どもの発達に不可欠な日常であり、入院あるいは外来治療中である病気の子どものニーズに応える支援であった。

（2）プレイセラピーの役割と子どもの権利
　今日のスウェーデンにおけるプレイセラピーの系譜は、20 世紀半ばにウメオ大学病院（Umeå University Hospital）において、イヴォンニー・リンドクヴィスト（Ivonny Lindqvist）が入院中の子どもに「あそび」を提供したことを嚆矢とする。その活動は病院内で評価され、現在のプレイセラピーの土台を築いた。
　当時、ウメオ大学病院の研修医であった小児科医 I 氏は、60 年近くが過ぎた今も、小児病棟でのリンドクヴィストの活動が心に深く刻まれているという。

　　それは驚くべきことでした。笑うことの少なかった子どもが、笑うようになったのです。小児病棟の誰もが、イヴォンニーによる「あそび」に注

目するようになりました。子どもの病気を治すことだけに全力を注いでいた私は、治療の場では見たことがない生き生きした子どもの姿を見るようになりました。「あそび」の中で笑って喜んで、自分の思いを話しているのです。1970年代になると、イヴォンニーは首都ストックホルムに移り、この「あそび」をプレイセラピーとして全国に広げていきました[2) 3)]。

　I医師の話によると、1960年代、臓器を対象に先端医療が治療にあますところなく取り入れられていく時代に、日常から乖離した入院生活のなかで、「あそび」が子ども本来の表情や楽しみを引き出していたことを、医師も看護師も痛感したという。

　リンドクヴィストは、当時、日常生活や家族と分離され、「病気を治す」ことに機能特化される病院という治療環境において、子どもの日常に目を向け、療養中の子どもにも発達があるという視点から、子どもが「あそび」や保育に参加できる機会を設け、さらに、自分の病気の状態をその子どもなりに理解するための支援が提供できるように取り組んでいった。病院でのプレイセラピーは、そのための実践であり、それを可能にするためのムーブメントとなっていった。

　1970年代になると、リンドクヴィストの小さな活動は、子どもの病院での時間に大きな変化をもたらしていき、スウェーデンでは、入院中の子どもが受ける権利としてプレイセラピーが法制化された。

　1982年の「保健・医療サービス法（現・Hälso-och sjukvårdslagen）」において、病気や治療の情報を提供されることが子どもの権利となる。保護者と専門職にまかせるだけではなく、子どもが子どもなりに自分の病気と治療について理解し、主体的に治療に向き合える気持ちを支え力づけるための、専門職の努力がはじまっていく。1987年にはスウェーデンにプレイセラピー協会が創設され、プレイセラピストの養成がスタートした。

　翌1988年、スウェーデンなど欧州12か国が「病院の子どもヨーロッパ協会（EACH：European Association for Children in Hospital）」によって、「病院の子どもの憲章（EACH CHARTER)[1)]」を掲げた。憲章は病気の子どもの「日常」に留意されたものであり、できうる限り住み慣れた自宅や外来で治療を優先すること、入院中はプライバシーが守られること、親（保護者）が病気の子どもに付き添うこと、その親をケアすること、きょうだいに対してもできる限り見舞いの

制限をしないこと、子どもは理解できるように病気や治療の説明を受け、治療の決定に参画する権利があること、などが記されている。さらに、教育や遊びに参加できること、心身のストレスや発達ニーズに応えられる専門スタッフによる継続的ケアを受けることや、プライバシーが守られることも、子どもが有するものとして明記された[1]。

この「病院の子どもの憲章」は、スウェーデンにおける「病院でのプレイセラピー（Hospital Play Therapy）」の整備を後押しするものともなった。リンドクヴィストの努力は、制度を構成していくことによって、病気の子どももあたりまえの日常の生活が必要であるという社会の認識を高めていった。病気は逸脱状態ではなく日常にある困難な状態という理解が保育や教育現場でも進んでいく。病気の子どもに対する全人的・包括的な健康づくりや家族を含むケアを進めてきたスウェーデンにおいて、病院内でのプレイセラピーはその一翼を担っていることが社会に認知されていく。スウェーデンの法制度に、「病院の子どもの憲章」の理念が組み入れられ、小児病床があるすべての病院で、子どものためのプレイセラピーユニットが設けられた。そして、学童期の子どもに対する「病院の学校」が整備された。

このように、スウェーデンにおける入院治療中の子どもに対する支援は、海外の動きとも連動し、ときには先駆的な実践として具現化していったといえる。グローバルな指針として、「ジュネーブ宣言」や「子どもの権利宣言」を経て、1989年に国連総会で採択された「児童の権利に関する条約」には、「生きる権利」「育つ権利」「守られる権利」などの子どもの受動的な権利とともに、「参加する権利」などの能動的な権利が掲げられた[4]。また、1994年の「特別なニーズ教育に関する世界会議」においては、「万人のための教育（Education for All）」を目的に、「特別なニーズ教育における原則、政策、実践に関するサラマンカ声明ならびに行動の枠組み（Salamanca Statement on principles, Policy and Practice in Special Needs Education and a Framework for Action）」が採択されたのである[5]。

（3）プレイセラピーの活動と機能

スウェーデンでは、小児病床があれば、どのような小さな病院にもプレイセラピー・ユニットがある。それは、大学病院でも、たとえば地方の小児病床4床の病院でも、子どもが楽しみ、子どもの発達を支援し、特に精神的、社会的

な面でのケアを行い、保護者やきょうだいの支援を担う場のひとつとして機能している。そのユニットでは、プレイセラピストが責任をもち、病棟の医師・看護師、ソーシャルワーカーなどの専門職と連携して、子どものケアを担う。プレイセラピストの資格は、プレイセラピスト協会の研修や、大学院で養成課程を修了することによって取得できる。

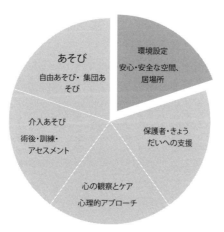

図2 「あそび」の場の構成要素

　プレイセラピー・ユニットでの重要な活動は、「あそび」と「プリパレーション（Preparation）」である。「あそび」の場は、①あそび（一人自由あそび・集団あそび）、②介入あそび（術後や訓練の効果、アセスメントを期待したあそび）、③心の観察とケア、④親・きょうだいへの支援、そして、⑤視覚的にも精神的にも安心できる環境設定、以上の5要素で構成されている（図2）2）。

　子どもが「あそび」を通して、楽しいと感じられる時間を過ごし、心身の発達や術後の回復を促していくことが目的である。子どもの状態やニーズを把握して、幼児から思春期まで、どの年代の子どもでも主体的に遊ぶことができるような空間を作り出し、自由あそびや、プログラムされた介入あそび、また手術後のあそびがうまく融合して取り入れられるように工夫されてる。

　子どものストレスを理解し受け止めることもプレイセラピーの重要な活動の目的である。親やきょうだいも不安や悩みをプレイセラピストに相談することができる。「あそび」の場では、感染症などの予防に留意しながらも（新型コロナウイルス感染症以前）、入院中の子どもだけではなく、時には親やきょうだい、

友だちも集まって一緒に時間を過ごすこともできる。外来治療を受けている子どもが訪ねてくることもある。

　子どもの日常的な時間で緊張がほぐれ、病気に対する不安を初めて口に出す子どももいるという。子どもなりの生活や子どもが生きていることを支えることは、一人ひとりに寄り添うことで可能になる。病気の重さも、子どもの不安や苦しさも、そして家族の悲しみも、一人ひとり異なるからである。

（4）「あそび」の空間
1）「あそび」の意味

　プレイセラピーの空間では、子どもがリラックスして、自ら遊具や玩具を選び、一人で、また他の子どもと、あるいはプレイセラピストと過ごす時間を通して、楽しいという気持ちをもつことが重要とされる。それが、精神的な安定とともに情緒や認知の発達を促していくことにつながるからである。J病院のプレイセラピストは次のように述べている。

> 　末期の状態にある子どもでも、遊びたいのです。この部屋では、病気の話はしないのですよ。なによりも、楽しい時間を過ごしてもらいたいと思っています。「あそび」は子どもにとって日常生活のなかに、あたりまえにあるものです。親やきょうだいの参加も歓迎しています。子どもに日常を提供するという意味でも、きょうだいへのケアという意味でも重要です。
> 　このような日常的で創造的な経験を通して、子どもは、病気という現実を理解していく力を培っていきます。子どもがどのような状態であっても、私たちは、プレイセラピーを提供する義務があります。ユニットに来ることができない子どもには、病室を訪問して、「あそび」を提供します。一緒に本を読んだり、絵を書いたり、ゲームをすることもできます。この活動は、子どもの健やかな育ちをサポートすることにもなります[6]。

　「あそび」は、子どもの発達を促す支援を提供するだけではなく、プレイセラピストが子どもの心の状態を理解する機会となり、リハビリテーションとしての効果をもたらす場合もあるという。たとえば、子どもが描いた絵や箱庭療法に類似した道具での「あそび」は、子どもの心の状態をみる一つの尺度となり、プレイセラピストが子どもの不安な気持ちや抱えているストレスの原因に気づ

くこともある。

　子どもがただ楽しいと思える時間を過ごすことができるように、プレイセラピストは、子どものこころの状態やニーズを把握し、子どもの情緒的安定や健やかな発達を促すことができる環境を準備し整えている。さらに音楽や光や映像を用いた小さな場所を設けている病院もある。そのような部屋の1つがスヌーズレンである。

　スヌーズレンとは、オランダから伝わった感覚刺激の空間で、光、色、画像、音楽、アロマオイルを使用し、手を伸ばせば届くような位置にオーナメントやぬいぐるみなどをおいて、視覚、聴覚、触覚、嗅覚などの感覚刺激が体験できるものである。その空間を楽しんで、緊張がほぐれ、受ける感覚に対する心身反応が訓練にもつながる。

　プレイセラピーユニットではまた、身体動作を促すような用具が設置されており、術後の回復促進や感覚統合訓練となる場合がある。ただ遊んでいることが、子どもにとって、治療的な訓練となり、専門職が子どもの身体能力などをアセスメントできる機会になる。たとえば、子ども向けのボルダリング（人工の壁や岩を素手で登るクライミング）は粗大運動として、楽器や手芸や工作は微細運動としての効果がある。

2）「あそび」を促す環境づくり

　子どもたちは、パジャマではなく、お出かけの洋服をきて、プレイセラピールームにやってくる。前出のプレイセラピストは、「子どもが遊びたいという動機付けになるように、部屋の雰囲気づくりや、遊具や玩具や本の選択も重要です[6]」と語る。子どもの目に入る家具や壁紙やオーナメントの形や色、また遊具や玩具の配置を考え、和やかで楽しい雰囲気を作り出すよう工夫されている。棚にならぶ絵本や玩具やコスプレのための衣装も、机の上に置かれた絵の具や筆も、子どもの気持ちを誘っているかのようである。

　ゆったりしたテーブルやソファーは、一般的な家庭にあるような家具である。病院によって、年齢階級別のコーナーや、絵を描くコーナー、テレビゲームのコーナー、工作のコーナー、クッキングのコーナー、木馬など遊具のコーナーなどを設け、どの世代の子どもにも対応している。小さなキッチンとダイニングセットも備えられている。（図3）。

図3　プレイセラピーユニットにあるダイニングセット

　また、J病院のプレイセラピーユニットでは、「あそび」の部屋の大きな窓を通して、季節感あふれる草花や、滑り台などの遊具やオブジェが目に入るようにセットしている（図4）。目に入る風景は、治療の場ではなく日常である。医師の許可を得て、病院の庭で遊ぶ子どもの姿もみられた。

図4　プレイセラピーユニットの部屋から広がる院庭

（5）プリパレーション

　スウェーデンでは、1980年代の「保健・医療サービス法」「病院の子ども憲章」、そして2020年に国内法ともなった「児童の権利に関する条約」において子どもの受動的な権利とともに子どもの能動的・主体的な権利を旗幟鮮やかに掲げている。20世紀後半にムーブメントとなった患者の権利や子どもの権利の理念は、子どもに対しても情報提供が必要という考え方が留意されるようになり、プリパレーションに反映されている。

プリパレーションの目的は、近代医学の理論に基づいて子どもの病気理解を図り、さらに、実際に受ける検査や手術について納得して、子どもが主体的に治療に取り組めるように、心の準備をしていくことにある。子どもの年齢や理解力に応じて、病気に関わる解剖生理学的な理解を深めることも可能となる。子どもの病気概念からマイナスイメージを払拭していくことも重要である。
　プレイセラピーユニットの一角に、人体模型や医療器具が置いてある部屋がある。そこが、病気や治療について説明する部屋である。検査や処置や手術が近づくと、また必要に応じて、プレイセラピストは人形、人体模型や絵本、さらに実際に使用する実物の注射器やおもちゃのレントゲン装置などを用いて疑似体験や予行演習を行うという。

　　抗がん剤治療を予定している子どもには、人形をベッドに横たえて、実際の治療の様子を丁寧に示していきます。注射の痛み、点滴時間、その間のトイレ、治療後の嘔吐や発熱や髪の毛が抜けるなど予想される副作用、そして、治療効果についても絵や人体模型を使いながら説明します。子ども自身がベッドに横たわって、予行演習をすることもあります。プリパレーションの目的は、実際に受ける検査や治療について学び、痛みや苦しさがあっても病気を治すために必要であることを子どもなりに理解し、検査や治療に対して主体的に取り組めるように、心の準備をしていくことにあります（2010年9月当時）（図5）。

図5　点滴の説明（ピッピの人形をモデルに、治療に使う同じ部屋で同じ医療器具を使う）

　抗がん剤の投与後に髪の毛が抜けることが予測されるのであれば、その様子を人形で示し、様々なかつらを紹介して、「お気に入り」のかつらをつける方法も説明する（図6）。「かつらをつけて学校に行ける？」「風が吹いたら、飛んでいかない？」と、質問をする子どももいるという。

図6　抗がん剤投与後の副作用の説明

　また、経口摂取がうまくできず、腹壁から胃内へ留置した胃瘻チューブの設置が必要になった子どもにも、人形をモデルに実際の器具を使って、胃瘻チューブがどのようなものであるかを具体的に説明する（図7）。

図7　胃瘻チューブの説明

　検査、手術、処置さらに予後について説明を受け、その実際を前もって体験することによって、子どもは、検査や治療に対する恐れや緊張をほぐして、主体的に診察室や検査室に入っていくことができるようになるという。病気や治療がどれほど辛いものであっても、傍で自分を支えてくれる人がいることを、子どもが知ることもプリパレーションの目的である（図8）。

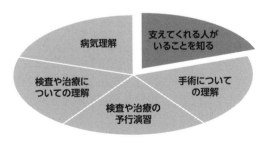

図8　プリパレーションの目的

前出のプレイセラピストによると、いつも、ニコニコしているだけの子ども
が、プリパレーションで初めて、「病気が怖かった」と言って涙を流したこと
があったという。子どもが病気に対する自分の気持ちを素直に表出し、それに
対してしっかり向き合ってくれる大人がいることで、子どもの心は解きほぐさ
れて、病気に向き合う気持ちが促されていく。
　「もうすぐ、天国に行くの？」といった質問など、病気そのものへの不安や
疑問があるとき、とりわけ死を意識した気持ちを表したとき、プレイセラピス
トは病棟の看護師や医師に子どもの思いをつなぐ。そのような場合には病院の
心理師がケアに加わることもある。
　プリパレーションは、楽しい「あそび」の時間や、「病院の学校（コラム②参照）」
で学ぶ充実した時間や、親やきょうだいへの支援と並行してこそ、有用なもの
になる。トータルなヘルスケアともいえよう。プリパレーションは、単に病気
や治療に対する説明として矮小化されるものではなく、子どもの「生きる力」
を支えているようである。

（6）まとめ

　スウェーデンでは、病院は日常から離れた特別な場ではなく、地域＜暮らし
の場＞での社会資源の一つとして位置づけられ整備されてきた。つまり、病気
の状態は、日常からの逸脱した状態ではなく日常の延長上にあり、日常のなか
に包摂されている。ノーマライゼーションの理念を掲げるスウェーデンを実感
できる一場面である。
　入院治療中であっても、末期の状態であっても、ケアには、「健やかに生き
る」ためのヘルスケアが織りなされ、遊びの場も学習の場も、そして家族関係
を支えることも制度として保障されている。治療の場である病院での日常は、
子どもが、「今を生き、今を暮らしている」ことが意識され、トータルケアと
して機能する。その役割を意識した子どもへの支援には、プレイセラピーや病
院の学校の専門職を含め、全人的医療を構成する多領域の専門職が配置されて
いる。
　述べてきたように、スウェーデンにおいて、入院中の子どもにプレイセラピー
を提供することが義務となり、小児病棟を有するすべての病院にその場が設置
されている。プレイセラピーは、「あそび」とプリパレーションによって構成
される。どのような状態でも、子どもにとってあたりまえの日常を担保するこ

と、子どもの発達を促すこと、家族やきょうだいも支援すること、さらに、「知る権利」と子どもの自己理解や主体性を尊ぶ活動は、子どもに寄り添い、子どもに向き合うことを基底としている。

　子どもには、子どもの病気観がある。子どもが病気に対して「病気＝罰」などのマイナスイメージをもち続け、病気や治療を恐れ、痛みに耐え、心配するまわりの人たちの様子を、不安な思いで見ていることも示されてきた[8]。子どもの病気概念からマイナスイメージを払い除いていくことも重要である。子どもの理解力に応じて、病気に関わる解剖生理学的な理解や病因理解を導いていくこともその助けとなる。

　つまり、質的に構造化され、院内の多領域の専門職と連携しながらプレイセラピーユニットで提供される日常性とケアは、子どもに対する全人的支援につながる。子どもに楽しい時間を提供することによって得られる QOL（Quality of Life：生活の質、人生の質など）の向上や、子どもの不安感や緊張感の軽減は、病気に立ちむかうことを力づけ、発達を促す支援ともなる。学童期の子どもに教育を提供する「病院の学校」では、IT 機器などを活用して、「病院の学校」と地域の学校との連続性を確保している。また、2019 年にはモデル事業の段階ではあるが、がんに罹患した子どもの代替ロボットによる通学などの工夫が重ねられていた。

　ICF を用いると、環境との相互作用で支えられる子どもの生活機能である「活動」や「参加」の様相がみえる。病気や障害（健康状態あるいは心身機能・身体構造）は子どもの一側面にしか過ぎず、子どもは病気の治療だけに生きているのではないという理解は、子どもを取り巻く物理的環境や人的環境、さらに社会的環境によって強められている。

　社会で獲得された蓋然性は、子どもの心に「あたりまえさ」の根を伸ばしていく。病気の状態にあっても、誰でもがその子どもなりにあたりまえに暮らし生きることができる社会は、一人ひとりの違いを認めることができる社会であろう。社会は多様な状態の人々の集合体である。ノーマライゼーションという思想は、違いを認め合い、違いによって生じる社会的な困難さを包摂していく社会のあり方（制度や文化そして現状）を構築してきたようである。そして、病気の子どもに対するトータルヘルスケアには、スウェーデンの政策に意識され育まれてきた人権の重さが、その時を連携する横糸にも未来へとつなぐ縦糸にも織りなされている。

193

引用・参考文献

第5章4節ならびにコラム②は、引用文献2) 3) 6) 7) の拙論を基に、大幅に加筆修正を行った。加えて、下記の文献も参考とした。

- Silfvenius, K（2009）"Children in Hospital—How Their Rights Are Protected in Sweden", *Journal of Japanese Society of Child Health Nursing*,Vol.18No.3, 74-79.
- 冊子 "PLAY THERAPY—For children and adolescents in hospital" ,information from The Association of Swedish Play Therapy.
- 冊子 "The Association of Swedish Play Therapy, "PLAY THERAPY for children and adults in hospital"
- 冊子 "PREPARATION AND PROCESSING", Astrid Lindgren Children's Hospital, Karolinska Institutet.
- 野村みどり（編）（1988）『プレイセラピー——こどもの病院＆教育環境』建築技術, p3-16.
- 野村みどり「病院における子ども支援プログラムに関する研究」, 厚生科学研究費助成金（子ども家庭総合研究授業（総括）研究報告書）, http://www.niph.go.jp/wadai/mhlw/1999/h1126002.pdf, （2021年12月30日閲覧）

1) 野村みどり（2003）「「病院の子ども憲章」とこどもの病院環境」『日本小児血液学会雑誌』17, 139-141.
2) 小野尚香（2015）「病気の子どもに対する包括的ケアシステム」『治療』97（10）, 1479-1483.
3) 小野尚香（2014）「スウェーデンにおける病弱児の心理社会・教育的支援：プレイセラピーとプリパレーションの歴史と実践例」『醫譚』復刊第100号, 通巻117号, 7332-7342.
4) 公益財団法人日本ユニセフ協会「子どもの権利条約」https://www.unicef.or.jp/about_unicef/about_rig.html, （2022年10月1日最終参照）
5) 特別支援教育総合研究所「サラマンカ声明」http://www.nise.go.jp/blog/2000/05/b1_h060600_01.html, （2022年10月15日閲覧）
6) Ono, N（2012）"Therapeutic Support（Care）for Children with Disease and Illness（2）：Hospital Play Therapy in Sweden" *Bulletin of social welfare, Kobe Shinwa Women's University*, 9, 75-83.
7) 小野尚香（2011）「スウェーデンの保健・医療・福祉制度（5）病気の子どもの健康づくり」『保健師ジャーナル』67（6）546-551.
8) 小畑文也（1999）「子ども・病気・身体2 –「病気」の概念の発達に関する研究」『小児看護』22（10）1009-1015.

付記：図3〜7ならびにコラム②図1〜2は、カロリンスカ大学病院付属アストリッド・リンドグレーン小児病院で撮影ならびに掲載を許可された写真を使用した。

付記：第5章は、JSPS科研費 26350368、17K01187、20K00283の助成による研究成果である。

コラム② 医療の場における教育的支援

<事例:「病院の学校」>

　カロリンスカ大学病院付属アストリッド・リンドグレーン小児病院で、子どもたちはパジャマではなく学校に通うための服を着て「病院の学校 SKOLA」に入っていく（図１）。「病院の学校」は治療の場という雰囲気さえ見せない。図書館があり、KIOSK（売店）があり、教材が整えられ、教育委員会が雇用した先生が出迎える（図２）。

　7歳の男の子がパジャマ姿ではなく素敵なトレーナーを着て、バックパックを背負って「病院の学校」に現れた。小児病床４床の地方病院でも、学校が設けられ、特別支援教育教員（speciallärare）が配置され、外来通院の子どもも通うことができる。「病院の学校」は、環境構造的にも、入院が特別な時間でもなく、特別な場所でもなく、子どもが日常生活の一部であると感じることができるよう配慮がされている。

<事例:「病院の学校」>

図１　SKOLA（学校）の入り口。屋根には、「長くつ下のピッピ」が描かれている。

「病院の学校のビジョン[7)]」

①子どもの今と未来を育てる。
②日常生活にある教育を提供する。
③子どもの自尊感情を高める。
④学ぶことの意味を見出す。
⑤子どもにとって、学校の存在がより良いものとなる。

図２　図書室。ソーシャルスキルを身につけるために売店を備えている所もある。

「病院の学校の役割[7]」

①子どもの自尊感情を育てる。

②未来を生きる力をはぐくむ。

③楽しく学ぶ。

④地域や生活との連絡調整を行う。

⑤どのような状態であっても、教育保障をする。

⑥親からの信頼を得るように努める。

⑦治療や訓練との調整を行う。

医療の場の「日常」

　日本と同様に、スウェーデンにおいても教育保障は子どもの権利である。終末期でも、重篤なときにも、希望すればベッドサイドで授業が行われる。病気の子どもに対する特別支援教育は、その子どもの状態に応じた「必要な配慮」と「適切な指導」を含むあたりまえの教育である。担当教員は、看護師の助言を受けて時間割を作成し、医師からは病状、作業療法士等からは身体機能、心理師からは心の状態について助言を得る。

　子どもから自分の病状について問いかけがあった場合には、その気持ちを病棟看護師につなぐ。教室では、基本的に病気のことに触れない。それは、病気であることは子どもの一部にしか過ぎないという考えに基づいている。「病院の学校」では子どもの教育的ニーズを把握して、特別支援教育を通して、子どもの発達・成長に関わっていく。教育の場は教育の場、「あそび」の場は「あそび」の場、そして治療の場は治療の場と、それぞれの場で専門職が役割を担い、連携して包括的な支援体制を構成している[7]。

地域の二つの学校

　「病院の学校」の役割は、通常の学校と同様、❶児童生徒への教育、❷有用な個別支援を提供するために多領域の専門職と連携、そして❸保護者への支援と連携、である。地域の通常の学校と連携しながら教育課程が組まれ、子ども一人ひとりに合わせた時間割表が作成される。地域の子どもが通っていた学校と「病院の学校」を子どもが行き来することをふまえて、「病院の学校」では、子どもも参加して、地域の学校とオンラインで学習の進度や学校の様子などの情報をやり取りし、原学級の担任教員と日常的に連絡を取りながら学ぶ環境を整えている。退院した後に外来治療に通う子どもも受け入れている。最近ではまた、癌に罹患している子どもの代わりに、数年前から代替ロボットが現学級に通うモデル事業も始まった。

　このように二つの学校での並行学習や、また、地域の学校の学校看護師（養護教諭に類する）や学校医とも連携することにより、入退院を繰り返す子どもが、二つの学校を往復することを容易にしている。

著者紹介 （登場順）

Ingrid Engdahl （イングリッド・エングダール）：前ストックホルム大学 准教授。Ph（Child and Youth Sciences）。現在は名誉研究員として、子どもの視点、遊び、子どもの権利、持続可能な教育に焦点を当てた研究を継続しており、スウェーデンの就学前教育の全体的発展に貢献している。また、OMEP（Organisation Mondiale pour l´ Éducation Préscolaire）の会員でもあり、スウェーデンとヨーロッパ地域の会長を歴任し、現在も持続可能な就学前教育、OMEP ESD アワード、OMEP ESD 評価尺度、1 歳から 5 歳のおむつなしキャンペーンなどのプロジェクトのリーダーとして活躍している。
Latest publications: 主な著書、論文

Engdahl, I., & Furu, A-C. (2022). Early childhood education: A vibrant arena in the complex transformation of society towards sustainability. *International Journal of Early Childhood, 54.* https://doi.org/10.1007/s13158-022-00323-0

Waldemariam, K., Chan, A., Engdahl, I., et al. (2022). Care and social sustainability in early childhood education: Transnational perspectives. *Sustainability, 14,* 4952. https://doi.org/10.3390/su14094952

Engdahl, I., Pramling Samuelsson, I., & Ärlemalm-Hagsér, E. (2022). Swedish teachers in the process of implementing education for sustainability in early childhood education. *New Ideas in Child and Educational Psychology, 1*(1). https://nicepj.ru/articles/2021-1/

Višnjić Jevtić, A., Sadownik, A. R., & Engdahl, I. (Eds.). (2021). *Young children in the world and their rights: Thirty years with the United Nations convention on the rights of the child.* Springer.

白石　淑江 （しらいし よしえ）：愛知淑徳大学福祉貢献学部 名誉教授。大学院修士課程修了後、短期大学専任講師、大学等の非常勤講師を経て、1991 年より同朋大学、2010 年より愛知淑徳大学に勤務。2000 年ストックホルム教育大学（現ストックホルム大学）への短期留学を契機に、スウェーデンの研究者や保育者との研究交流、保育学生のスウェーデン研修などを実施してきた。そして、現在も研究交流を続けながら、主に日本における教育ドキュメンテーションの実践について研究している。著書に『スウェーデンに学ぶドキュメンテーション』（単著、新評論、2018）、泉千勢編著『なぜ 世界の幼児教育・保育を学ぶのか』「第 2 章 スウェーデン王国－揺るがぬ子どもの権利の視点」（共著、ミネルヴァ書房、2017）。

坂本　輝世 （さかもと きよ）：京都大学文学部卒業後、東京大学大学院総合文化研究科（比較文学比較文化専攻）で修士号取得、米国ウィスコンシン大学にて博士課程単位取得満期退学。滋賀県立大学全学共通教育推進機構特任准教授を経て、滋賀県立大学人間文化学研究院 准教授。専門は外国語教育論。著書に *Literature and Language Learning in the EFL Classroom*（共著、寺西雅之・斎藤兆史・Katie Wales 編, Palgrave

Macmillan, 2015)、『アメリカの声をひろう:言葉で闘う語り手たち』(共著、能勢卓監修、ナカニシヤ出版、2022)、訳書に『自閉症 / アスペルガー症候群 RDI「対人関係発達指導法」』(スティーブン E. ガットステイン著、杉山登志郎・小野次朗監修、足立佳美監訳、クリエイツかもがわ、2006) など。

訓覇　法子(くるべ　のりこ):日本福祉大学社会福祉学部社会福祉学科卒業。ストックホルム大学社会福祉学部研究科博士課程修了 (Ph.D.)。ストックホルム大学、ミッドスウェーデン大学を経て日本福祉大学福祉経営学部に勤務。専攻:社会福祉学 (比較福祉論)。主な研究テーマ:アルコール政策とアルコール乱用者自助運動の国際比較;縦断的データによる日瑞二国間比較 (後期高齢者のライフコース、初回要介護認定者の要介護軌跡など)。日本語の主な著書:『アプローチとしての福祉社会システム論』(単著、法律文化社、2002)、『ケア・その思想と実践:ケアを支えるしくみ』(共著、岩波書店、2008)、『実践としての・科学としての社会福祉:現代比較社会福祉論』(共著、法律文化社、2014)、『認知機能障害がある人の支援ハンドブック』(訳書　クリエイツかもがわ、2018)。

水野　恵子(みずの　けいこ):名古屋大学教育学部博士課程修了。元日本女子体育大学教授、社会福祉法人評議員。
福祉国家、男女平等先進国のスウェーデンの就学前学校 (保育園) の実態を調査する中で以前、訪問した旧東独やチェコ、デンマークなどよりもスウェーデンの優位性を実感する。その優位性をもたらしたものは何か、歴史や制度、近年の経営主体の多様化の研究に取り組んでいる。
著書:『新しい総合演習』(分担執筆、保育出版社、2002)、『おもしろく簡潔に学ぶ保育原理』 (分担執筆、保育出版社、2005)、『現代保育と子育て支援』(分担執筆、八千代出版、2008)、『保育原理』(分担執筆、学芸図書、2013)、『スウェーデン　保育の今―テーマ活動とドキュメンテーション』(分担執筆、かもがわ出版、2013) など。

小野　尚香(おの　なおか):大阪大学大学院医学系研究科修了 (医学博士)。日本福祉大学教授、大阪大学大学院医学系研究科招聘教授 (併任)、発達と学びの研究所付属スコーラ代表。公認心理師、日本公衆衛生学会認定専門家、臨床発達心理士、特別支援教育士スーパーバイザー。神戸親和女子大学教授、畿央大学教授等を経て現職。専門は医学概論、公衆衛生、特別支援教育、神経発達症群 (発達障害)。
著書に、『小中学生のための障害用語集~みんなに優しい学校と社会を願って~』(分担執筆、金子書房、2020)、『学生と考える生命倫理』(分担執筆、創元社、2018)、『支援が必要な子どもの心と行動がわかる!教師のためのサポートガイド』(分担執筆、明治書籍、2018)、『ストレス学ハンドブック』(分担執筆、創元社、2015)、他。

監修・著者紹介

小野　次朗（おの　じろう）：大阪大学医学部卒業（医学博士）。明星大学発達支援研究センター　客員教授。明星大学診療所　所長。産業医。大阪大学医学部付属病院、米国オハイオ州立大学コロンバス小児病院留学（リサーチフェロー、米国大学医学部卒業資格取得：ECFMG 合格、豊中市立病院小児科部長、大阪大学医学部講師、和歌山大学大学院教育学研究科教授を経て、現職。専門は小児神経、特別支援教育、神経発達症群（発達障害）。

2009 年より、スウェーデンを訪問する機会を得て、児童精神科医、小児神経科医、小児科医と交流をもつ中で、神経発達症群の子どもに関わるスウェーデンでの医療ならびに学校医の役割、さらには学校教育における「生徒の保健（イレーブヘルサ）」などを研究対象とする。

著書に『幼児と健康』（編著、ジアース教育新社、2021）、『発達障害・知的障害のための合理的ハンドブック』（分担執筆、有斐閣出版、2020）、『発達障害事典』（柘植雅義・緒方明子監修、編著、2016）、『特別支援教育に生かす　病弱児の生理・病理・心理』（編著、ミネルヴァ書房、2011）、『ADHD の理解と援助（別冊発達 31）』（編著、ミネルヴァ書房、2011）、『怒りのセルフコントロール』（翻訳）（監修、明石書店、2011）、『よくわかる発達障害（改訂第 2 版）』（編著、ミネルヴァ書房、2010）、『教育現場における障害理解マニュアル－障害とともに学ぶ－』（編著、朱鷺書房、2002）、他多数。

スウェーデンにおける取り組み
就学前の EDUCARE・モデルと歴史と制度とヘルスケア
子どもの人権・民主主義・専門職の役割を中心に

令和 5 年 6 月 21 日　初版第 1 刷発行

監修・　著　小野　次朗
発　行　人　加藤　勝博
発　行　所　株式会社ジアース教育新社
　　　　　　〒 101-0054　東京都千代田区神田錦町 1-23　宗保第 2 ビル
　　　　　　TEL：03-5282-7183　FAX：03-5282-7892
　　　　　　E-mail：info@kyoikusinsha.co.jp
　　　　　　URL：https://www.kyoikushinsha.co.jp/

■表紙デザイン　宇都宮　政一
■本文デザイン・DTP　株式会社彩流工房
■印刷・製本　三美印刷株式会社
Printed in Japan

ISBN978-4-86371-661-2
○定価はカバーに表示してあります。
○乱丁・落丁はお取り替えいたします。（禁無断転載）